業界研究ガイド

ホテル・旅館

業界の課題と経営改善のアプローチ

山田コンサルティンググループ株式会社　編著

一般財団法人
大蔵財務協会

はじめに

　山田コンサルティンググループ株式会社では、コンサルティングの実務を通じて得られた知見に基づき、業界別の経営課題へのアプローチを解説したテキストをシリーズで発刊しています。本書は、主にホテル・旅館業を対象とし、広義の意味で宿泊業にかかわる人々を対象に解説したテキストです。

　本書では、宿泊業界向けの支援実績を豊富に有するコンサルタントが、日々の案件実務を通じて得られた経営課題に関するアプローチを解説しています。本書で取り上げるテーマは、多くの宿泊事業者に共通する経営課題であり、経営者はもちろん、不動産オーナーや投資家の方々にも参考になる内容です。さらに、宿泊業界の事業者と取引をしているが業界のことがよくわかっていない方、新規に取引することになり業界のことを理解する必要がある方など、これから業界のことを学ぶ方を対象とした基礎的な論点を解説した項目も設けています。Q&A形式ですので、興味のあるテーマからご覧いただけます。

　弊社は、企業の規模や業種を問わず、国内外のクライアントに対して、戦略立案・実行、新規事業計画検討、事業再生、事業承継、M&A、組織戦略、人事制度、海外進出・撤退、DX、不動産、教育研修など、さまざまな経営課題に対応する総合的なコンサルティングファームです。本書は宿泊業に特化した専門コンサルタントと、戦略立案・実行、事業

再生、M&A、DX、不動産の機能に特化した専門コンサルタントが執筆しました。産業と機能の両面での支援実務から得られた経験に基づいている点、また、戦略だけでなく具体的な施策や実務に言及している点が本書の特徴です。

現在、日本は国を挙げて観光立国を目指しており、宿泊業は大きな成長が期待される有望な産業です。執筆時点においては新型コロナウイルスの収束と円安などの背景によりインバウンド需要が順調に回復しています。しかしながら、宿泊業における持続的な成長は、ただ単に従来の経営・運営手法をなぞるだけでは実現できません。これは宿泊業の事業特性にあります。宿泊業は外部環境の影響を受けやすく、国際情勢、経済状況、消費トレンドなどの変化に大きく左右される特性があります。また、装置産業かつ労働集約型産業という特性もあります。

そのため、本書では、宿泊業の事業特性を踏まえて、持続的成長のために必要な取り組みを質的成長と量的成長に区分し、質的成長のために必要な取り組みを「組織能力の向上」と「変化対応」と定義します（**図表1**参照）。特に、人口減少への対応、価値観変化への対応、技術の進化への対応が求められます。また、量的成長のために必要な取り組みを「規模の拡大」として、量的成長の道筋を4つの型（①地域でのビジネス拡大、②観光地を作り出す成長、③複数のタイプのホテルを展開する成長、④同じタイプのホテルを複数展開する成長）として定義します。宿泊業において持続的成長を目指す上でご参考になれば幸いです。

私たち山田コンサルティンググループは、クライアント企業の持続的

成長の実現を支援することをミッションとしています。宿泊業はお客様に特別な体験と感動を提供し、お客様の人生を豊かにする力を持っています。お客様が宿泊施設で過ごす時間は、日常から離れた特別なひとときであり、その体験が人生の大切な思い出となります。私たちは、皆様がその役割を最大限に発揮できるように、最適な経営戦略の立案と具体的な業績向上策の取り組みをサポートします。本書が、皆様の挑戦と持続的成長を支える一助となることを心から願っています。

　最後になりますが、本書の執筆に際して、大蔵財務協会の出版編集部には多大なご指導、ご協力を頂きました。この場を借りて御礼申し上げます。

山田コンサルティンググループ株式会社

図表1　宿泊業の持続的成長

本書での説明内容	
中期事業計画	第4章
経営管理	第4章
ITの活用	第6章
外部環境	第2章
インバウンド獲得	第3章
WEBマーケティング	第4章
設備投資	
エリアにおける市場機会の特定（ポジショニング戦略＋コンセプト設計）	第3章
新規開発	第5章
M&A	第7章

出所：山田コンサル作成

持続的成長に向けた必要な取り組み

【組織能力の向上】
- ミッション、ビジョン、バリューの共有
- 経営管理の強化
- 具体的な打ち手の遂行
- 具体的な業績向上策の実行

【変化対応】
- 人口減少への対応
  → 働き手減少
  → ITの活用でオペレーションの効率化・省人化
- 国内消費減少
  → 顧客との関係強化、インバウンド獲得
- 価値観変化への対応
  → モノ消費からコト消費へ
  → コンセプト設計とブランディング
  → 投資による付加価値向上
- 技術の進化への対応
  → AI・IT技術の発達
  → ITの活用でオペレーションの効率化・省人化
  → WEBマーケティングの実践

【規模の拡大】
- 「業種業態×エリア」マトリックス
  → 3つの方向性と4つの型に基づく方向性の検討
- 新規業態、M&Aによる規模の拡大

→ 質的成長
→ 量的成長
→ 宿泊業の持続的成長

目 次

第1章 概論編

1 宿泊業に関する基礎知識……………………………………………2
2 所有・経営・運営の分離……………………………………………5
3 宿泊業の組織体制……………………………………………………11
4 施設形態別の基礎知識………………………………………………18
5 近年の宿泊施設形態やサービスの変化……………………………28
　概論編チェックシート………………………………………………36

第2章 外部環境編

6 宿泊業界の事業環境…………………………………………………38
7 政治的視点から見た宿泊業界………………………………………42
8 経済的視点から見た宿泊業界………………………………………48
9 社会的視点から見た宿泊業界………………………………………53
10 技術的視点から見た宿泊業界………………………………………60
　外部環境編チェックシート…………………………………………66
　コラム　宿泊業におけるサステナビリティの取り組み…………67

第3章　成長戦略編

- **11** 宿泊業における成長とは……………………………………72
- **12** エリアにおける市場機会の特定…………………………79
- **13** 投資を無駄にしないリニューアル………………………89
- **14** インバウンドの取り込みにおいて注意したい点………94
- (成長戦略編チェックシート)……………………………………103
- **コラム**　サービスの独自性の検証・検討……………………104

第4章　経営管理編

- **15** 業績管理の要諦……………………………………………110
- **16** 中期事業計画策定のポイント……………………………115
- **17** 宿泊業における最重要指標RevPARの取り扱い………122
- **18** 客室平均稼働率（OCC）向上のコツ……………………127
- **19** 客室平均単価（ADR）向上のコツ………………………134
- **20** Webマーケティングの実践ポイント……………………145
- **21** コスト適正化………………………………………………155
- (経営管理編チェックシート)……………………………………164
- **コラム**　サービスリストラの着眼点…………………………166

第5章　開発計画編

- **22** 宿泊施設開発の流れと留意点……………………………172
- **23** 事業構想時におけるポイント……………………………179
- **24** 運営委託契約のポイント…………………………………188

（開発計画編チェックシート）……………………………………196
　　コラム　不動産開発・投資対象としての「ホテル」…………197

第6章　IT活用編

- 25　観光業界を取り巻くDX動向……………………………204
- 📘26　宿泊業界を取り巻くDX動向……………………………208
- 📘27　デジタル化への取り組みが必要な背景とは……………214
- 📘28　デジタルを活用した業務改革・サービス向上のポイントとは…228
- 29　宿泊業界の全体最適なシステム化の姿とは………………237
- 30　ホテルシステムの選定・導入のポイント…………………244
- 　（IT活用編チェックシート）…………………………………254

第7章　M&A編

- 31　宿泊業界のM&A動向……………………………………258
- 📘32　宿泊業界のM&Aの特徴…………………………………267
- 33　M&Aを進める上での留意点……………………………279
- 　（M&A編チェックシート）…………………………………292

　目次の📘マークはこれからホテル・旅館業界のことを学ぶ方向けの内容となっています。初学者の方は、はじめに📘マークの付いた項目をお読みいただけると、各章全体の理解を深めることができます。

第 **1** 章

概論編

1　宿泊業に関する基礎知識

Q　宿泊業の特性を教えてください。

POINT　宿泊業は不動産業とサービス業の側面を併せ持ったハイブリッド型の産業である。主な特性として①外部要因の影響を受けやすく景気感応度が高い、②装置産業、③労働集約型産業、という3点が挙げられる。先行投資した建物を活用しながら長期間で投下資本を回収していく点、多くの人材を活用してサービスを提供する点が、装置産業および労働集約型産業と言われる所以である。

A

1．宿泊業とは

　宿泊業は不動産業界におけるオペレーショナルアセットと言われています。立地条件や建物の状態はもちろん重要ですが、それだけでなく、施設の運営や経営がどのように行われているかによっても収益力は大きく変わります。例えば、同じ立地、建物条件であっても、運営能力により収益性は大きく左右されます。都心の一等地にある新築の宿泊施設は、一般的には良好な不動産とされます。しかし、運営がうまく行っていなければ、その価値は十分に発揮されず、期待した収益を得られない、あるいは価値の低い事業となる可能性があります。その逆のケースもあります。例えば、あまり魅力的でない立地であっても、有名なホテルブランドが新たに参入し、運営をうまく行うことで、そのエリア自体の価値が上がることもあります。

　近年、宿泊施設の所有と運営が分離しているケースが増えています。

第1章　概論編

その場合、不動産オーナーである所有者は、テナントであるホテルオペレーターの運営能力を過去の実績やモニタリングを通じて評価する必要があります。

　また、宿泊業は外部要因の影響を受けやすい事業でもあります。新型コロナウイルスなどのパンデミックや地震などの災害はもちろんですが、景気が良い時は需要が高まり、景気が悪い時には需要が減少するなど、景気に敏感な業種です。その他には季節や天候の影響も受けます。例えば、観光需要が旺盛な繁忙期とそうではない閑散期では人々の流れや地域への入込数に差が出ます。これが直接宿泊需要に影響を及ぼします。また、平日と休日、連休による収入の変動も大きいです。天候についても、例えば、人が多く動く休日や行楽が旺盛な季節に台風や大雪が発生すると、移動手段が失われ、宿泊予約のキャンセルが増え、その結果事業収入に大きな影響を及ぼす可能性があります。他産業では需要が高まれば生産量を増やすことができますが、ホテル業においては客室数を急に増やすことはできません。また、客室を商品在庫のようにストックすることもできず、提供した客室はその日に完全に売り切ることが求められます。

　さらに、宿泊業は装置産業の典型です。大規模な施設は客室だけでなく、宴会場、レストラン、スパ施設なども備えているため、建物全体の建築費に占める設備の割合は他の不動産と比べて高い傾向にあります。設備は年中無休で稼働しており、10～20年ごとに最新の機器への更新が必要となります。そのため、ハード面での競争力を維持するためには、10年ごとの内装リニューアルや、20～30年ごとの大規模修繕が必要となります。これらは巨額の再投資を必要とし、そのための原資は自社の収益の蓄積に依存します。過去の収益実績が期待に見合わない場合、ハード面での競争力を失う可能性があります。

最後に、宿泊業は労働集約型の産業でもあります。特に、料理や宴会部門を備えたフルサービスホテルでは、人によるサービスが大きな比重を占めます。そのため、従業員の確保と適切な育成が必要となります。従業員のサービスの質が顧客満足につながり、ひいては中長期的に施設の収益性を左右することになります。無計画なコスト削減により人員削減してしまうと、サービスの質の低下につながりかねないので慎重を期す必要があります。近年では人材採用の環境が厳しくなっていることから、人によるサービスへの依存度を下げるために、ホテル業務をコア業務（人が担当する業務）とノンコア業務（人が担当しなくても良い業務）に分け、ノンコア業務については機械化する動きが見られます。代表的なものとして、自動チェックイン機、自動精算機の活用や清掃ロボット、配膳ロボットの活用などがあります。

　以上の宿泊業の特性をふまえると、以下の４点をおさえることが大切です。また、ホテル事業は、オフィスや住宅などの安定した不動産と比べると、高い専門性が求められる業界であると言えます。

① 　不動産としての適切な立地、優秀なホテル運営会社の活用とモニタリング
② 　ネームバリューのあるブランドの獲得
③ 　装置産業としての特性を意識した保守・修繕の実施
④ 　労働集約型産業としての人材の採用と育成

第1章　概論編

2　所有・経営・運営の分離

Q　宿泊施設の所有・経営・運営の分離について教えてください。

POINT　旧来の国内の宿泊施設は、所有と運営が一体の所有直営方式が一般的であった。しかし近年は、所有・経営・運営の3つの役割を、それぞれの専門性を持ったプレイヤーで分担する形式が増えている。各役割を担っているプレイヤー同士が適度に牽制し合い、緊張感を持つことが、事業価値の最大化につながる。

A

1．所有・経営・運営の分離

　かつて日本の宿泊業は、金融機関から資金を借りて自社で土地を購入し、建物を建設して運営するという、所有直営方式が一般的でした。投資回収には長期間を要し、定期的に必要となる設備投資を考慮すると、事業規模を拡大させるのが難しい一方で、一体型経営によって緊張感が失われるデメリットも存在しました。そのため、近年のホテル開発では、所有と運営が分離した方式が主流となっています。それぞれの役割は以下の通りです。

図表1　所有、経営、運営の分離

	所有	経営	運営
役割	不動産の保有	宿泊事業の経営	宿泊事業の運営
詳細	土地・建物・設備を有し、経営会社に賃貸する	不動産所有会社から施設を賃借し、経営管理を行う	施設運営の専門人材やノウハウ、ブランドを提供する
収益	不動産賃料	経営会社利益	運営会社報酬

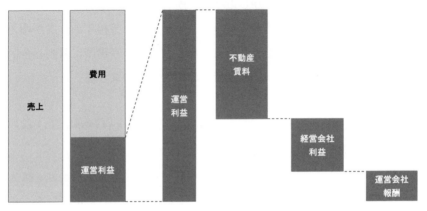

出所：山田コンサル作成

(1) 所有

　ホテル事業において、まず土地や建物の所有が必要です。所有者は個人や法人、地方自治体などさまざまで、土地や建物を活用してホテル事業を成功させるために、適切な経営者や運営者を選定することが求められます。

(2) 経営

　経営者は、所有者から不動産を賃借して、宿泊施設の経営管理をする

役割を担います。財務・会計管理、労務管理、施設管理を行い、宿泊施設で働く従業員の雇用主となります。所有者と運営者の間に立ったマネジメントが求められます。

(3) **運営**

運営者は、ホテルの日常業務を遂行します。運営者は、支配人等の専門人材やブランド、ホテルシステム、マーケティング機能を提供します。また、宿泊、飲食、宴会などのサービスを提供し、顧客満足度を高めることが求められます。

以上のように、所有・経営・運営を分離して行うケースは、主に国内外の大手ホテルチェーンに見られます。一方、国内の中規模以下の宿泊施設では、不動産オーナー（所有者）が経営・運営機能も併せて担っていることが多いです。所有機能が持つ資金力や不動産、運営機能が持つブランドやオペレーション力を活かし、それぞれが得意とする領域で役割を分担することによるメリットは3つ挙げられます。

① 質の高い運営

運営会社は宿泊施設のオペレーションについての専門家であり、その知識やノウハウを活用して、時流に合わせた効率的で高品質なサービスを提供することが可能です。

② ブランド力の活用

運営会社が有名ホテルチェーンである場合、そのブランド力を活用し、集客力や単価を向上させることにより収益性を最大化することが期待できます。

③ 経営リスクの分散

ホテルの所有者と運営会社が協力して事業を行うことで、双方の経営

リスクを分散させることができます。

一方、デメリットとして以下の点が挙げられます。

① 収益力の低下
　運営を他社に委託することで、運営報酬として運営会社に一定の料金を支払う必要があり、直営に比べて収益性が低下する可能性があります。
② 意思決定の遅延
　所有者と運営会社が協働して事業を行うため、意思決定が遅くなる可能性があります。
③ 運営会社との対立
　所有者と運営会社の運営方針や見解が一致しない場合、また利害が対立した場合、円滑な運営が困難になる可能性があります。

２．運営を外部に委託する際の考え方
　所有と運営の分離において、所有者である不動産オーナーは不動産保有リスクを負担し、施設の運営会社は事業リスクを負担します。双方の交渉の骨子となるのは、賃料変動リスクをどのように分担するかという点です。宿泊業では、主な賃料形態として、固定賃料、変動賃料、そして固定と変動の組み合わせであるハイブリッド型賃料が挙げられます。

第1章　概論編

図表2　賃料の考え方

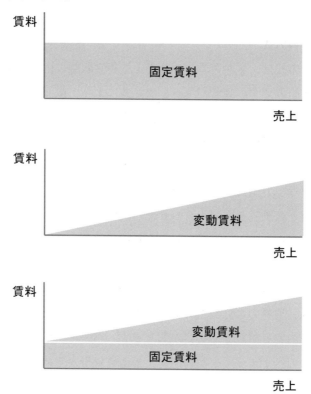

出所：山田コンサル作成

(1)　固定賃料方式

　固定賃料方式は、契約で定めた一定額の賃料を毎期徴収する仕組みです。契約期間中、施設の運営パフォーマンスが低迷しても、不動産オーナーには影響せず、安定的な収入を期待できます。しかし、これはアップサイドも得られないことを意味します。長期的に安定した賃料が獲得できる前提ではありますが、コロナ禍のような異常事態では賃料減額な

どの対応を求められるケースもあります。

(2) **変動賃料方式**
　変動賃料方式は、施設運営による売上や運営収益に応じた歩合賃料を徴収する仕組みです。運営パフォーマンスにより、徴収額は大きく変わります。不動産オーナーにとっては、好調な時期には多くの賃料を得られ、不調時には賃料が減少します。

(3) **ハイブリッド型賃料方式**
　固定賃料と変動賃料を組み合わせたハイブリッド型となります。固定賃料部分はベースフィーと呼ばれ、変動賃料部分はインセンティブフィーと呼ばれます。インセンティブ部分は、あらかじめオーナーと運営会社で合意して設定した目標値を上回った場合に発生することとします。実務的には、賃料の形態をどのように設定するかだけでなく、賃貸借契約の詳細な内容も確認する必要があります。パフォーマンスが目標を下回った場合のペナルティ、契約期間、普通賃貸借か定期賃貸借、中途解約の可否や違約金などを総合的に考慮する必要があります。

第1章　概論編

3　宿泊業の組織体制

Q 宿泊業の組織体制について教えてください。

POINT 宿泊施設ではお客様を中心にして、さまざまな部門や担当が有機的に連携し合いながらサービスを提供している。施設の規模が大きくなるほど複数部門に分けて、ときに連携しながら運営をすることが一般的である。一方、中小規模の施設では、一人ひとりの従業員が複数の業務をこなすマルチタスキングの取り組みが増えている。少ない人員でサービスを提供することができるようになり、運営効率の向上につながることが期待できる。

A

1．宿泊業の組織体制

　組織体制はホテルと旅館で異なります。ホテルは、施設の経営全般を統括する社長の下に、運営全般を統括する総支配人がいます。総支配人の下には各部門の支配人が配され、それぞれの部門の職責を担当します。また、チェーン系のホテルでは、総支配人の下にエリアごと、または施設ごとに支配人を配置するケースもあります。部門は収益部門と非収益部門に分けられます。収益部門には宿泊部門、料飲部門、調理部門、外販・不動産部門があります。非収益部門は企画・営業部門、施設管理部門、総務管理部門があります。

　旅館は、家族で経営しているケースが多く、社長と女将が夫婦であることがよく見受けられます。また夫の母親が大女将、夫の妻を若女将とするケースもみられます。社長と女将の下に、現場を統括する支配人

（番頭）がいます。旅館はホテルと違い、部門ごとに縦割りで管理することは少なく、係制となっていることが一般的です。

図表1　宿泊業の組織体制の例

〈ホテルの組織体制〉

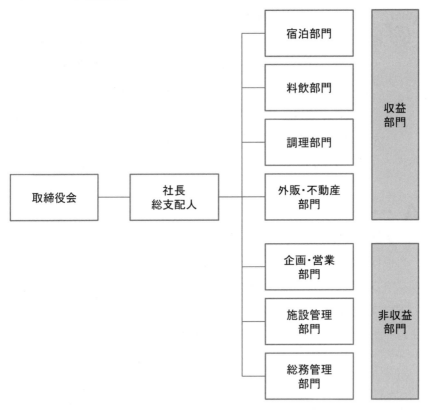

出所：山田コンサル作成

第1章　概論編

〈旅館の組織体制〉

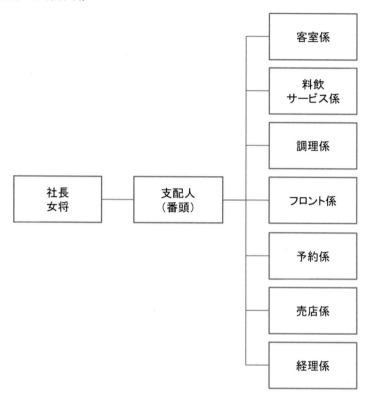

出所：山田コンサル作成

　本書では、ホテルの組織体制を基に、それぞれの役割について解説します。

(1)　宿泊部門

　宿泊部門では、主に客室の販売から清掃までの役割を担います。宿泊部門に関連するセクションには、客室予約課、フロント課、ハウスキーピング課などがあります。予約課では、個人や団体のお客様からの宿泊

予約の受け付けを行います。近年ではインターネット経由での予約が増えており、各予約サイトで販売する客室在庫の管理等も行います。フロント課では、主にホテルのレセプションでチェックイン、チェックアウトの対応業務等を行います。ベルサービスやコンシェルジュ、ドアマンなども含まれます。ハウスキーピング課では、主に客室やパブリックスペースの清掃を行います。多くの施設では清掃は専門の会社に外部委託するケースが一般的ですが、清掃の品質管理や状況確認は社員が担当します。

(2) 料飲部門

　料飲部門では、飲食関連のサービスに関する役割を担います。料飲部門に関連するセクションには、レストラン課、宴会課、婚礼課などがあります。レストラン課では、施設内にある自社運営のレストランの管理を行います。インルームダイニング（客室内で料理等を注文する）サービスを提供している場合にはその対応も行います。宴会課では、法人宴会や一般団体の宴会の運営・管理を行います。宴会予約の初期段階の対応は営業部で行いますが、各ゲストの具体的な要望を確認し企画・実行に落とし込むのは宴会課で行うことが多いです。婚礼課ではウェディングプランナーが営業段階から関わることが一般的です。多くのホテルでは、式場や披露宴会場の手配はもちろんのこと、衣装や写真、会場の装花や演出も含めた全体的なサポートを提供します。宴会や披露宴会場の運営においては、ウェイターやウェイトレスを外部の派遣会社を通じて集めるケースが一般的です。専門の派遣会社と提携してスタッフを派遣してもらいます。社員は会場の運営・管理責任者としての役割を果たします。

第1章　概論編

(3) 調理部門

　館内でフレンチ、中華、イタリアン、和食など複数の料理を提供している施設では、全体を統括する総料理長のもとに、各ジャンル専門の料理長が在籍します。また、ベーカリー課（パンを専門に製造）やパティスリー課（お菓子やケーキを専門に製造）を設けている施設もあります。一方、中規模以下の施設では、単独のジャンルの食事を提供することが多いため、料理長が複数人在籍することはありません。

(4) 外販・不動産部門

　外販部門では、施設内にあるギフトショップやECサイト等の運営・管理を行います。また、大手の施設では、自社のブランド力を活用した商品を外部で販売しているケースもあり、企画・製造・販売の一連の流れを担当します。不動産部門では、施設内のテナントのリーシング（賃貸物件の借り手を探し、契約成立に至るまでに発生する業務をサポートする活動）や管理、その他保有している不動産の管理を行います。

(5) 企画・営業部門

　企画部門は経営企画と事業企画のセクションに分かれます。経営企画では、会社全体を俯瞰し、中長期的な視点で経営戦略を立案します。また、経理部門や営業部門と連携しながら、期中の業績管理や事業計画を策定します。事業企画では、各部門と連携を取りながら、利用者を増やすためのプランや商品開発を行います。例えばディナーショーやウェディングフェア、季節ごとのイベント等です。また、メディアやホームページ、SNS等を活用した宣伝や販売促進の役割も担います。営業部では、エリア別やターゲット顧客別でチームを編成し活動します。主な営業先としては旅行代理店、一般企業・団体、官公庁などが挙げられます。

(6) 施設管理部門
　施設管理部門では、施設課、営繕課、安全課のセクションに分かれます。施設課では設備機器関係の管理やメンテナンスを担当します。営繕課では館内の家具・什器・備品の管理や補修を担当します。安全課では館内の警備や防災を担当します。

(7) 総務管理部門
　総務管理部門では、総務課、人事課、財務経理課、購買課、情報システム課のセクションに分かれます。総務課では、会社の規程や文章管理、コンプライアンス管理、法務面の対応、対外的な折衝時の窓口対応を行います。人事課では、労務管理や採用、育成、評価等の人事政策全般を担当します。財務経理課では、財務諸表の作成や資金繰り管理、支払い、請求書作成、売掛金消し込みなどを行います。購買課では業者選定や発注業務を行います。発注した商品の検収業務を行うこともあります。情報システム課では、施設の基幹システムや予約システム等のIT関係のインフラ管理やメンテナンスを行います。また、顧客の個人情報管理の役割も担当します。

２．マルチタスキング

　マルチタスキングとは、複数のサービススキルを持った従業員が横断的に業務を行うことを指します。宿泊業において運営効率を高めるためには、アイドルタイムの手待ちを無くし、ピークタイムに必要なスキルを有した従業員を、必要な人数を揃えている状態が望ましく、部門別に硬直した組織では、このような柔軟な対応ができません。
　施設形態にもよりますが、一般的なピークタイムは以下の通りです。
　午前７時～11時頃は朝食会場や調理場、チェックアウト対応を行うフ

ロント。

　午前11時〜午後3時頃は清掃、バックオフィス。

　午後3時〜午後6時頃はチェックイン対応を行うフロント、調理場や付帯施設。

　午後6時〜午後10時頃は引き続き調理場と付帯施設のほか、夕食会場が稼働のピークになります。

　従業員が複数業務の対応をできるようにすることで、働き手不足の事業環境下においても安定した運営の実現が可能になります。

4　施設形態別の基礎知識

Q　宿泊施設の分類とそれぞれの特徴について教えてください。

POINT　宿泊施設は「提供するサービスの範囲」および「客室の価格帯」の2つの観点で整理できる。「提供するサービスの範囲」での分類は、「総合型施設」（宿泊以外の機能も含む）と「機能特化型施設」（宿泊のみに特化）の2種類に分けられる。「客室の価格帯」での分類は、「ラグジュアリー」、「アップスケール」、「ミッドスケール」、「エコノミー」の4種類に分けられる。大手ホテルチェーンでは、自社で複数の施設形態を市場に供給するマルチブランド化が進んでいる。消費者は自分の利用目的や予算に合わせて同一チェーン内の施設を選ぶことができる。またホテルチェーンにとっては、顧客生涯価値を高めることができ、さらに他社と差別化を図った独自性を出す狙いがある。

A

1．旅館業の種別

旅館業法では、施設を設けて宿泊料を収受し、人々を宿泊させる営業形態を「旅館業」としています。

第1章　概論編

図表 1　旅館業法の分類

	旅館・ホテル営業	簡易宿所営業	下宿営業
前提	施設を設け、宿泊料を受けて人を宿泊させる営業で、簡易宿所営業および下宿営業以外のもの	宿泊する場所を多人数で共用する構造および設備を主とする施設を設け、宿泊料を受けて人を宿泊させる営業で、下宿営業以外のもの	施設を設け、1カ月以上の期間を単位とする宿泊料を受けて人を宿泊させる営業
1室あたり面積	7㎡以上（寝台を置く客室の場合は9㎡以上）	33㎡以上（10人未満の場合は1人につき3.3㎡以上）	基準無し
玄関帳場	玄関帳場または省令で定める基準に適合する代替設備を設ける必要あり	玄関帳場・玄関帳場代替設備のいずれも設置義務はない	玄関帳場・玄関帳場代替設備のいずれも設置義務はない

出所：山田コンサル作成

　旅館業法では、図表1の通り、旅館業を、旅館・ホテル営業、簡易宿所営業、下宿営業の3つの形態に分類しています。旅館・ホテル営業は、簡易宿所営業および下宿営業以外のものと定義され、床面積基準は1室あたり7㎡以上（寝台を置く客室の場合は9㎡以上）と定められています。また玄関帳場（フロント）の設置については、設置することが求められておりますが、省令で定める基準に適合すれば代替の設備も可能となります。なお、旅館業法は各自治体の施行規則、施行細則に定められているものが実質的なルールとなることから、上乗せ条例等で玄関帳場の設置が必須とされている地域もあるため、建築時には自治体への確認が必要です。

　簡易宿所営業は、客室を多人数で共用する施設で、下宿営業以外のものと定義されています。1室あたりの床面積は33㎡以上（10人未満の場

合は1人につき3.3㎡以上）と規定されています。2段ベッドなどを備えた多人数で共用する5室未満の施設がこの分類に含まれ、ドミトリー、カプセルホテル、民宿、ペンションなどが該当します。

下宿営業は、1カ月以上の期間で宿泊を提供する施設を指し、床面積の基準はありません。簡易宿所営業と下宿営業では、玄関帳場の設置は不要です。

なお、旅館業法上の分類をより実務的に整理したものが図表2です。「提供するサービス範囲」と「客室の価格帯」で分類します。以下でそれぞれの詳細を解説します。

図表2　実務的な分類

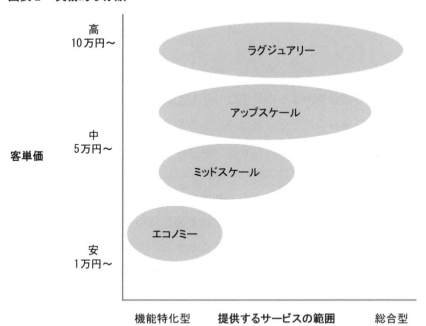

出所：山田コンサル作成

第1章　概論編

2．総合型施設

　総合型施設は、宿泊者向けの客室だけでなく、その他の付帯施設も有するホテルや旅館を指します。施設の総売上高のうち、客室売上高とその他付帯施設の売上高がおおよそ同程度であることが特徴です。日本国内において、宿泊総合型施設の黎明期は1800年代後半と言われています。1868年に「築地ホテル館」、1873年に「金谷カッテイジイン」（現在の日光金谷ホテル）、1890年に「帝国ホテル」が開業しました。特に帝国ホテルは、近代国家を目指し、欧米と対等な関係を築くために日本の「迎賓館」の役割を担うべく、政財界人らの働きかけによって誕生しました。3階建ての建物には、寝室60室、主食室、舞踏室、談話室、喫煙室など、さまざまな機能を完備しました。その後、施設内に自営のランドリーサービス、直営のショッピングアーケード、施設内で挙式と披露宴を行うウェディングサービスの提供など、新サービスを次々と付加していき、まさに現代の総合型施設の基礎を築きました。第二次世界大戦後の1964年に東京オリンピックの開催が決定すると、ホテルオークラ、ホテルニューオータニ、東京ヒルトンホテル（現在のザ・キャピトルホテル東急）など、多くのホテルが都心に相次いで開業しました。これらの施設は客室だけでなく、宴会場、結婚式場、レストラン等も有する総合型の施設でした。その後、地方都市の人口増や経済成長に伴い、総合型の施設の開発は地方都市部やリゾート地にも広がり、都市の中核的機能を担うようになりました。バブル期以降は外資系のホテルチェーンが東京、大阪、名古屋等の都市圏を中心に総合型の施設を次々と開業しました。代表的な施設としては、フォーシーズンズホテル椿山荘（現在のホテル椿山荘東京）、ウェスティンホテル東京、パークハイアット東京、ザ・リッツカールトン大阪、名古屋マリオットアソシアホテル等が挙げられます。

総合型施設の特徴は、宿泊のための客室だけでなく、複数のレストランや宴会場、チャペル、バー、ギフトショップを有している点にあります。また、近年はプールやフィットネスルームを備えた施設も増えています。その一方で、開発費用や設備管理の負担が重く、多くの従業員を配置しなければならないため、施設運営コストが高くなることから、必然的に宿泊単価や施設利用料は高くなる傾向にあります。

　近年は、消費者のニーズの変化に伴い、ホテルや旅館での挙式・披露宴、宴会の需要が減少し、また宴会場を運営する際のバンケットサービスにかかる人材確保が難しくなっていることから、開発段階から婚礼や宴会機能の規模を縮小した総合型施設も増えてきています。客室を販売して売上を生む方が経営効率の観点から好ましいため、客室の間取りを広く設計し、さらに共用部にはスパや宿泊者向けのラウンジ等を設けることで客室単価を高め、客室収入を主な収益源とする施設もあります。一方、国策としての統合型リゾート等の誘致に伴い、今後、地域によっては大規模な会場や展示場等を備えた総合型の施設が開発される可能性もあります。

3．機能特化型施設

　機能特化型施設は総合型施設と異なり、基本的に客室販売のみで売上を生み出すホテルや旅館を指します。日本では、これらは一般的にビジネスホテルと呼ばれます。機能特化型施設の黎明期は1970年代とされており、高度経済成長期の交通網の発展に伴い、出張活動が活発化し、その需要が高まりました。東急イン、ワシントンホテル、ホテルサンルートはビジネスホテル御三家と称され、チェーン展開を積極的に行いました。彼らは主要駅や各地域の繁華街に近い立地に出店し、宿泊の機能に特化した施設を建設、レストランの規模を最小限に抑えました。

第1章　概論編

　1980年代に入ると、アパホテル、東横イン、スーパーホテルなど、宿泊費を会社員の出張経費の範囲内に抑える宿泊特化型ホテルチェーンが次々と市場に参入し、台頭してきました。これらの施設は、最小限の従業員で運営を行い、食事の提供も朝食のみに限定し、無駄を徹底的に排除しました。アパホテルやスーパーホテルの源流はマンション事業であり、その事業経験が、客室のレンタブル比を最大限まで引き上げる効率的なホテル開発の発想源になったと考えられます。

　1990年代に入ると、ドーミーインが大浴場を設けることで競合施設との差別化を図る戦略を展開し始めました。今となっては、大浴場のある施設は珍しくないですが、当時の宿泊特化型ホテルは合理化を追求することが基本原則であり、直接的に収益を生まないスペースを設けるというアイデアは業界で革新的でした。

　機能特化型施設には旅館業法における簡易宿所に該当するカプセルホテルやドミトリー、ユースホステルも含まれます。カプセルホテルは高度経済成長期に、残業や飲み会などで終電を逃した会社員たちがサウナの休憩スペースで仮眠を取るよりも快適なスペースで睡眠を取れる、さらにタクシーで家に帰るよりも低価格で滞在できる施設として誕生しました。このコンセプトのもと、多くの施設は男性の利用者をターゲットとし、サウナや大浴場だけでなく、麻雀ルームやゲーム機器などを設けて誘客を図りました。近年ではビジネスホテルの宿泊費の高騰に伴い、予算内で泊まることができる代替施設として消費者が利用するようになりました。カプセル自体も多様化しモダンな形に進化し、パブリックスペースも充実させることで、男性だけでなく女性の利用も見られるようになってきました。

　ドミトリーやユースホステルについても、一部屋に複数のベッドが置かれ、複数のゲストが同じ場所で滞在する形態であり、滞在中の身の回

りのことはセルフで行うという機能特化型施設です。

　機能特化型施設の特徴は、基本的には宿泊のための客室販売に特化している点、そして人的サービスを限定的に提供している点です。施設運営のコストが低いため、宿泊費も比較的安く設定でき、利益率も高いことが特徴です。そのため事業への参入障壁が低く、用地取得から開業までのリードタイムも短いことから、多店舗展開が容易という利点もあります。しかし、その一方で近年は国内各地で機能特化型施設の開発が相次ぎ、現在では各施設が同質化する状況にあります。今後は他社や地域内の競合施設との差別化を図るために、付加価値を提供する魅力的な施設を開発・運営することが、市場で生き残るための鍵となるでしょう。

4．ラグジュアリーホテル

　ラグジュアリーホテルは、平均客単価が5万円以上（2名1室利用時の1名当たりの料金）のホテルを指すことが一般的です。このカテゴリーには外資系のホテルブランドが多く、日系のブランドホテルの展開は限られています。例えばマリオットインターナショナル（以下マリオット）のブランドではザ・リッツカールトンやセントレジス、ヒルトン・ホテルズ（以下ヒルトン）のブランドではウォルドーフ・アストリアが挙げられます。

5．アップスケールホテル

　アップスケールホテルは、平均客単価が3万円～5万円（2名1室利用時の1名当たりの料金）の、ラグジュアリーホテルのワンランク下のホテルを指すことが一般的です。このカテゴリーでは、外資系に加えて日系の有名ブランドのホテルも多く見られます。日系の御三家ホテルやパレスホテルなどが挙げられます。外資系ではマリオットのブランドで

は、ウェスティン、シェラトンなど、ヒルトンのブランドではコンラッドが挙げられます。なお、このゾーンの中で更に上位層をアッパーアップスケールと呼びます。

6．ミッドスケールホテル

　ミッドスケールホテルは、平均客単価が1万円～3万円（2名1室利用時の1名当たりの料金）の、アップスケールホテルのワンランク下のホテルを指すことが一般的です。このゾーンは高単価のビジネスホテルも当てはまり、代表例としては三井ガーデンホテルやJR九州ホテルズのブラッサムなどが挙げられます。外資系ではマリオットのブランドではコートヤード・バイ・マリオット、ヒルトンのブランドではダブルツリー・バイ・ヒルトンが挙げられます。なお、このゾーンの中で更に上位層をアッパーミッドスケールと呼びます。

7．エコノミーホテル

　エコノミーホテルは、平均客単価が1万円以下（2名1室利用時の1名当たりの料金）で、ミッドスケールホテルのワンランク下のホテルを指すことが一般的です。ビジネス出張時に最も利用されるホテル形態であり、近年では高品質化が進み、観光・レジャー利用も増えています。また、需給状況によってはミッドスケールホテルと同ランクの価格にまで販売価格が上がることもあります。アパホテル、東横イン、ルートインが代表的な例であり、これら3つのホテルは国内における施設数ランキングの上位3社に位置しています。国内の施設数はこれら3社が約3％を占めています。

図表3　国内ホテルチェーンの施設数ランキングTOP5

順位	ホテルグループ名	施設数	客室数
1	アパホテル＆リゾーツ	686	100,598
2	東横イン	337	73,855
3	ルートインホテルズ	331	57,427
4	プリンスホテルズ＆リゾーツ	87	24,468
5	オークラニッコーホテルズ	80	24,332

※株式会社オータパブリケイションズ　週間ホテルレストラン　23年3月3日号を参考に山田コンサル作成

8．新しいカテゴリーの登場

　これまで2つの観点から分類を行ってきましたが、近年では新しいカテゴリーの施設も登場しています。まず、価格帯における新しいカテゴリーとして「スーパーラグジュアリー」があります。これはラグジュアリーホテルよりも更に高い価格帯の施設を指し、日本ではまだ進出が見られないブランドの開発計画が複数存在します。今後参入が予定されている主なブランドとしては、2024年のローズウッドホテルズ＆リゾーツ、2025年のカペラホテルズ＆リゾーツ、2028年のドーチェスターコレクションが挙げられます。スーパーラグジュアリーブランドを持つオペレーター（運営会社）が進出する背景として、世界国際フォーラムが発表した2021年版観光魅力度ランキングで日本が1位になったことや、治安・情勢の安定が挙げられます。これにより、安定した運営収益が期待できるため、出店が促進されています。また、不動産デベロッパーやアセットホルダーとしては、まちづくりや複合施設開発においてスーパーラグジュアリーブランドのホテルを誘致することは、地域や物件の魅力、集客力を高めることにつながるため、両者の利害は一致しています。

　2つ目の新しいカテゴリーとして、「ライフスタイル型」ホテルが注

目されています。これは、従来のトラディショナルなスタイルを脱却し、独特のコンセプトで施設内のデザイン性を追求したコンテンポラリーな施設のことを指します。ライフスタイル型は機能特化型に位置づけられ、客室販売が収益の主軸となります。客室の内装や什器、カラーリングなどはその独自のコンセプトに則ってデザインされ、SNS映えする空間設計が特徴となっています。また、宿泊客だけでなく外来客もカジュアルに利用できるカフェやバーラウンジがパブリックスペースに設けられることが多いです。ターゲットの利用者を絞り込んでいるため、客室数は多くはないものの、1室当たりの単価はミッドスケールホテル〜アップスケール程度となり、そのコンセプトや世界観に共感するファンによりリピート利用が見られることが特徴です。大手チェーンではマリオットが東京・大阪エリアでW、エディション、アロフト、モクシーといった複数のブランドを運営しており、インターコンチネンタルホテルズグループ（IHG）はホテルインディゴを箱根、軽井沢、犬山などのリゾート地で展開しています。国内ブランドでは、テイクアンドギヴ・ニーズのTRUNK HOTELやグローバルエージェンツのlively hotelsが代表的です。

　これらの施設の開業動向から、各事業者はコモディティ化からの脱却を図り、独自性の追求にシフトしていることが伺えます。各事業者は、単に"泊まる"だけの価値提供にとどまらず、新しい体験価値や付加価値を提供するために日々模索しています。

5 近年の宿泊施設形態やサービスの変化

Q 近年、さまざまな特徴を持つ宿泊施設が増えていますが、その背景や特徴を教えてください。

POINT 宿泊業への異業種からの参入の増加と宿泊旅行に対する消費者ニーズの変化により、サービスコンセプトや開発手法が多様化している。消費財メーカーがマスマーケティングからパーソナライゼーションへと変化したのと同様に、画一的な施設の開発から脱却し、差別化を図るべく顧客の嗜好やニーズを把握した上で顧客中心のサービスコンセプトを設計する動きが見られる。開発においても、従来のスクラップ＆ビルド型の手法にとらわれず、既存の物件を宿泊施設へ用途転換することや、商業施設と一体開発する事例も増えている。このトレンドは今後さらに加速し、特徴を持つ施設が市場に続々と供給されることが予想される。

A

1．サービスコンセプトの多様化

(1) 異業種からの参入

　異業種の企業が宿泊業に参入する目的は、主に新たなビジネスチャンスの追求やシナジー効果の追求です。宿泊業への参入が多い異業種としては飲食業、温浴業、ブライダル業、アパレル業、パチンコホール業などがあり、B to Cビジネスの経験者がこれまでの事業ノウハウをベースに価値提供とコンセプトで宿泊業に参入しています。過去を振り返ると、国際的著名ホテルチェーンの始まりもホテル業以外からの参入でした。

第1章　概論編

　例えば、フォーシーズンズ・ホテルズ・アンド・リゾーツはブライダル業界で培ったおもてなしの心を基にホテル業に参入しました。IHG（インターコンチネンタル・ホテルズ・グループ）はレストランとバーの経営で培ったノウハウを活かしホテル業界に参入しました。これらの事例から、それぞれ異なる業界からホテル業に参入しているものの、おもてなしやサービスに対する共通の価値観を持っており、顧客に受け入れられればホテル業は成功できると言えます。近年の国内の異業種からの参入事例としては、ひらまつホテル＆リゾートが挙げられます。㈱ひらまつは国内の主要都市を中心に高級フランス料理店「ひらまつ」、同イタリア料理の「リストランテASO」などの飲食店を展開していますが、主力事業のレストランで培った料理にこだわったオーベルジュタイプのラグジュアリーホテルを全国に複数開業しています。また、万葉倶楽部㈱や㈱テイクアンドギヴ・ニーズなども異業種から宿泊業に参入し、ホテル業で成功を収めています。

(2)　宿泊旅行に対する消費者ニーズの変化

　近年、旅行者は旅先で「ただ泊まることができる」以上の価値を求め、自身の指向に合った宿泊体験ができる施設を選ぶ傾向にあります。インターネットやSNSなどで情報を簡単に収集できることから、施設を基点に旅先を決めるディスティネーション化も加速しています。滞在体験の例として、例えば世界的には近年エコツーリズムという自然や環境と共生する滞在体験が人気を博しています。北欧には氷で作られたアイスホテルや、アフリカには野生動物が行き交うサファリの中に泊まれるホテルがあります。日本国内では前述の滞在スタイルはまだまだ浸透度は低いものの、代表的な施設として「天空の森」などの施設が挙げられます。また、近年はグランピングも人気があります。これは、ホテルと同等の

サービスを野外で楽しめるキャンプ型の滞在スタイルで、代表例として温楽ノ森などが挙げられます。都会の喧騒から離れ、自然の音に耳を傾ける非日常体験が価値となっています。

　ペット（特に愛犬）と一緒に宿泊できる施設も人気があります。ペットは家族の一員でありながら、これまで同室で宿泊できる施設は限られていました。そのニーズを捉えたサービス設計が価値を創出しています。ただ一緒に泊まれるだけでなく、リードを付けていれば館内どこでも歩かせることができ、さらにはペット専用の食事やおやつが提供され、ドッグランやグルーミングルームも備えています。こうした施設は、飼い主よりもペットが主人公となるペットファーストの設計が特徴です。代表的な施設としては、「inumo芝公園」や「DANQOO」などが挙げられます。

　本書では紹介しきれませんが、前述以外にも近年は様々な特徴的なコンセプトの施設が開業しています。バーの中にあるホテルで好きなお酒を好きなだけ飲みながら滞在できる施設、図書館のようなホテルで本に囲まれながら滞在できる施設、デジタルアートで彩られた世界で宿泊滞在できる旅館、最高峰のヴィンテージオーディオが奏でる上質な音楽を聞きながら音楽ホールに泊まるような感覚で滞在できる施設、映像とサウンドにこだわった映画館に宿泊するような施設、野球場や競輪場で試合観戦をしながら宿泊できるスタジアム一体型のホテルなどがあります。これらの施設はニッチな市場を狙っており、客室数は多くないものの、共感してくれるコアなファンに支えられているため、客室単価や1回当たりの滞在時の利用単価は高い傾向にあります。

２．開発手法の多様化

　宿泊業は、所有と運営が分離している点については1章2節で説明し

た通りですが、近年では、開発パターンも多様化しています。主なパターンとして、所有権共有持分型、公民連携型、リポジショニング型、複合開発型の4つが挙げられます。以下にそれぞれについて説明します。

(1) 所有権共有持分型

　所有権共有持分型は、宿泊施設を共同で所有し、所有者が持ち分に応じて自己利用または宿泊施設として貸し出すことができる仕組みです。この形態は業界ではホテルコンドミニアムとも表現され、室内の設計は中長期滞在向けでレジデンスに類似しています。所有権は分譲マンションと同じように1室当たりで購入することも可能で、また1カ月単位等でさらに細かく所有権が分割（12分割）されているケースもあります。所有者としてのメリットは、不動産を別荘資産として保有しつつ、利用しない期間はホテル運営会社との契約に基づき宿泊施設の客室として提供でき、賃料収入が得られる点です。貸し出す期間にもよりますが、賃料収入で維持費を軽減できるという点が特徴です。ホテル開発会社のメリットとしては、開発費用を短期で回収できる点が挙げられます。通常、ホテル事業は収益力から逆算すると投資回収には20年～30年程度を要しますが、分譲マンションと同じようなスキームになるため、工事完了時には資金回収が可能となる可能性が高いです。この事業のポイントとしては、認知度の高いホテルブランドや実績豊富なデベロッパーのブランドを冠することができるかどうか、という点が重要です。多くの所有者は、実需目的での購入ではなく投資商品として検討するケースが多いためです。今後は国内でもこの開発手法が多く採用されることが予想されます。なお、冠しているブランドが販売ペースや販売価格、リセールに大きな影響を及ぼすことは言うまでもありません。

(2) 公民連携型

　公民連携型の開発は、公募設置管理制度（Park-PFI）を活用して公園等の公有地に宿泊施設を開発するケースが主な例です。Park-PFIは、公園に収益施設・設備を設置し、民間事業者が運営する事業者を公募で選定する制度です。この制度の目的は、公園の質や利便性を向上させ、民間の優良な投資を誘導し、管理者の財政負担を軽減することにあります。

　ミヤシタパークは、この制度を活用した代表的な事例です。ミヤシタパークは「新宮下公園等整備事業」として2014年夏にプロポーザル募集が行われたもので、当時の旧宮下公園は、躯体が耐震基準を満たしておらず、樹木が線路に倒木する危険性があるなどの問題を抱えていました。また、バリアフリー機能が不足していたため、公園機能として不十分であるという課題もありました。これらの問題を解決し、良質で効率的な施設を整備するために、民間のノウハウや資金を活用することが目的とされました。

　具体的には「立体都市公園制度」を用いて、屋上公園と商業施設を組み合わせた施設の建設が条件とされ、土地は定期借地権とし、年間数億円の借地料を税収とすることが決定されました。公共性を基軸としながら、借地料を負担するためにはビジネス上相応の収益床が必要となり、本プロジェクトでは宿泊施設と3階層の商業施設という構成が選択されました。ミヤシタパーク内にあるホテル「sequence MIYASHITA PARK」は公園に隣接する形で建設され、これまで渋谷の街にはなかった「自然との調和や寛ぎ」を提供しています。公園内の芝生やベンチで過ごす時間は、単に宿泊するだけではない付加価値と言えます。

(3) リポジショニング型

　歴史ある建物を活用しながら改修・改装を行い、宿泊施設に生まれ変

わらせる事例を指します。使われていないまたは老朽化した地方の古民家や倉庫、伝統的な建築物を受け継ぎながら宿泊施設に転用することで、物件に新たな息吹を吹き込み、その物件が醸し出す独特の雰囲気を楽しむことができます。

　古民家の改修・改装事例として「Nazuna京都 御所」が挙げられます。こちらは大型の京町家2棟を改修・改装した旅館です。伝統的な風合いや趣を残しつつ、宿泊施設としての快適な実用性を追求した構造となっており、不便さを感じさせない設計になっています。このような町家形式をホテルに転用するケースでは、1棟当たりの物件サイズが小さいことから、客室数を確保するのが難しく、運営効率に課題があります。このことを解決するために、近年では分散型ホテルという形態が開発手法として見られます。地域内で複数棟をリノベーションし、まとめて1つのブランドのホテルとして運営する手法です。海外ではアルベルゴ・ディフーゾと呼ばれ、集落内の空き家をホテルとして再生するケースが多く見られます。日本ではまだ馴染みがありませんが、国内の事例としては「篠山城下町ホテルNIPPONIA」が挙げられます。レセプション、客室、レストランが城下町内に点在し、街に滞在しながら地域の歴史・文化を体感することができます。

　次に、倉庫の改修・改装事例として、「ONOMICHI U2」を紹介します。このプロジェクトは、倉庫を1つの街全体と捉え、宿泊客室はもちろんのこと、レストラン・カフェ、ベーカリー、バー、ライフスタイルショップなどの複数の機能を備えています。この施設は住宅街の一角に位置し、観光客だけでなく、日常的に地元の人々も利用する施設となっています。

　最後に、伝統的な建築物の改修・改装事例をいくつか紹介します。代表的な事例として、日本初の銀行として建てられ、その外観と骨組みを

宿泊施設に転用した「HOTEL K5」、約80年の歴史を持つ小学校の校舎を活用し、宿泊施設に変えた「ザ・ホテル青龍 京都清水」、そして国の重要文化財に指定されている百貨店、高島屋東別館を宿泊施設に転用した「シタディーンなんば大阪」などが挙げられます。また、歌舞練場や監獄を宿泊施設に転用する等のユニークな計画も公表されています。

(4) 複合開発型

　複合開発型は特に都心部でよく見られる開発手法です。以前は、宿泊施設の開発は施設単体での開発が主流でした。しかし都心部では大規模な開発用地を確保することが難しいため、収益性や運営効率を考慮した結果、同質的なホテルが増加する傾向にありました。近年では宿泊施設の整備に着目した容積率緩和制度が設けられ、ホテル機能を含む施設が一定の要件を満たすことで延べ床面積を拡大することが可能となり、商業施設、オフィスビル、ホテルが一体となった複合開発が増えています。

　物件の収益性という観点では、容積率の緩和による収益の最大化の期待があります。さらに、安定した収益性を持つオフィスと、インフレ時に利益を増やす可能性のあるホテルを組み合わせることで安定した収益が見込めます。加えて、高層階にラグジュアリーブランドのホテルを配置することで、商業施設やオフィスの魅力が増し、施設の集客力が上がり、リーシング時により高い賃料設定が可能となるといった副次的効果も期待されています。現在では、このトレンドは都心部だけでなく、地方主要都市にも広がっています。

　最近ではレジャー施設とホテルの複合開発も注目されています。かつては、総合保養地域整備法（リゾート法）が開発を後押しし、テーマパークやスキー場、ゴルフ場などとともに宿泊施設が設けられることが多かったのですが、今日では地域の持続的成長を目的としたレジャー施設

第1章　概論編

を基軸にした開発が増えています。代表的な事例として、「HOKKAIDO BALLPARK F VILLAGE」が挙げられます。北海道日本ハムファイターズのホームスタジアムには宿泊施設や温浴施設が設けられ、更に周辺には飲食店、住居、認定こども園や知育施設など多機能な施設が存在します。球場を中心に交流・居住人口の創出を目指した地域創生が進行しています。

今後は1棟だけでなく地域全体での複合開発が盛んになることが予想されており、その中で宿泊事業が果たす役割の重要性は更に増してくると考えられます。

図表1　本節で紹介した事例

異業種からの参入例	
飲食業から	株式会社ひらまつ
温浴業から	万葉倶楽部株式会社
婚礼業から	株式会社テイクアンドギヴ・ニーズ

特徴的なコンセプト例	
自然の中での滞在体験	天空の森
	温楽ノ森
ペットと一緒に宿泊可能	inumo芝公園
	DANQOO

開発手法の多様化例	
公民連携型	sequence MIYASHITA PARK
リポジショニング型	Nazuna京都 御所
	篠山城下町ホテルNIPPONIA
	ONOMICHI U2
	HOTEL K5
	ザ・ホテル青龍 京都清水
	シタディーンなんば大阪
複合開発型	HOKKAIDO BALLPARK F VILLAGE

出所：山田コンサル作成

概論編チェックシート

- [ ] 宿泊業は不動産業とサービス業の側面を持ったハイブリッド型の産業である。3つの事業特性（①景気感応度が高い、②装置産業、③労働集約型産業）を踏まえた経営が求められる。

- [ ] 宿泊業ではお客様を中心にしてさまざまな部門や担当が有機的に連携してサービスを提供することが大切である。

- [ ] マルチタスキングの取り組みが注目される。少ない人員でサービス提供をすることで運営効率の向上が期待できる。

- [ ] 大手ホテルチェーンでは、自社で複数の施設形態を市場に供給するマルチブランド化が進んでいる。消費者は自分の利用目的や予算に合わせて同一チェーン内の施設を選ぶことができ、ホテルチェーンにとって顧客生涯価値を高めることができる背景にある。

- [ ] 宿泊業への異業種からの参入の増加と宿泊旅行に対する消費者ニーズの変化により、サービスコンセプトや開発手法が多様化している。今後、特徴を持つ施設が市場に続々と供給されることが予想される。

第2章

外部環境編

6 宿泊業界の事業環境

Q 宿泊業界の事業環境について教えてください。

POINT 宿泊需要を示す国内延べ宿泊者数は新型コロナウイルス感染症の影響で大きく落ち込んだが、2024年現在はコロナ禍以前の水準にまで回復しつつある。その背景には、訪日外国人観光客の回復・増加が挙げられる。一方、日本人の国内旅行需要は足踏み状態にあり、いずれ訪日外国人観光客数も頭打ちになることが想定される。そのため、今後は旅行体験や宿泊体験の価値向上による1人当たりの消費単価の増加が期待される。また生産年齢人口の減少により、働き手の確保がより一層困難になることが想定される。持続的な成長のためには、外部環境の変化に柔軟に対応しながら宿泊施設を経営・運営することが求められる。

A

1．新型コロナウイルス感染症による影響からの回復

2019年末に発生した新型コロナウイルス感染症の世界的な広がりにより、市場環境は激変しました。観光庁の宿泊旅行統計調査において、宿泊需要を示す延べ宿泊者数（日本人と訪日外国人の宿泊者の合計）は、現行の調査手法になった2010年以降、成長を続け2019年は59,600万人泊まで達しましたが、2020年は33,200万人泊、2021年は通年で31,800万人泊と過去最低を記録しました。しかし2022年以降は反転し回復。2023年は61,747万人泊（対19年比3.6％増）とコロナ禍以前の水準を上回りました。このうち日本人は49,972万人泊（19年比4.1％増）、訪日外国人は

11,775万人泊（対19年比1.8％増）でした。これは「GoToトラベル」の代替として実施された「県民割（地域観光事業支援）」、またその全国拡大版として22年10月より開始された「全国旅行支援」による需要喚起策や、新型コロナウイルス感染症に関する水際対策緩和による効果と言えます。なお、本書を執筆している2024年5月時点の延べ宿泊者数は1月～5月の累計で25,440万人泊（観光庁宿泊旅行統計調査の第2次速報値）であり、全ての月で2023年水準を超過、対前年同月累計比で7.8％増の状況です。とりわけ訪日外国人の増加が凄まじく、延べ宿泊者数は対前年同月累計比62.0％の回復を見せています。

図表1　延べ宿泊者数の推移

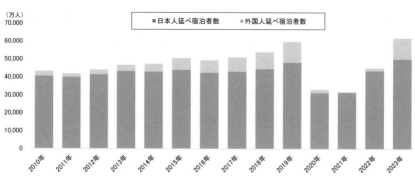

出所：観光庁『宿泊旅行統計調査』より山田コンサル作成

　円安により訪日旅行の割安感が高まっていることもその背景にあると言えます。地政学的リスクや自然災害等のリスクは拭えないものの、今後しばらくの間、宿泊需要は堅調に推移するものと推察します。

2．深刻な働き手の不足に陥る宿泊業

　需要が回復する一方で、人口構造の変化による労働力人口の減少とい

うメガトレンドの影響が事業継続を脅かしています。株式会社帝国データバンクが2023年7月に実施した調査によると、旅館・ホテルの約7割程度が正社員、非正社員ともに人手不足を実感しており、利用者の受け入れを制限せざるを得ない状況となっています。ホテリエはかつて求職者にとって憧れの職業でありましたが、現在は新3K「きつい、帰れない、給料が安い」と言われる不人気業種であり定着率が低く、またコロナ禍において多くの従業員が異業種へ転職してしまったことも背景として挙げられます。

　なお、人手不足の状況は、宿泊需要の増加が期待されるエリアで新規開業する宿泊施設においてより顕著です。オープニングに必要なスタッフ数を揃えるための争奪戦が激しく、給与・待遇を上げることで経験者の奪い合いが起きている状況です。資本力があり高単価の宿泊施設は給与への価格転嫁が可能ですが、中小の宿泊施設はエリアの求人の給与水準に合わせることができず苦戦しています。

　とりわけ、宿泊利用者の満足度を左右する、食事面、衛生面に関連するスキルを有する人材の確保に頭を悩ませています。特に調理や清掃に従事する人材の不足が著しいです。民間の調査によると、調理に従事する人材は、調理師学校の入学者減少により今後も同様の傾向が懸念されます。セントラルキッチンによる調理済み食材や既製品の利用など、未経験者でも一定の質の料理提供ができる工夫が求められます。清掃業務は、特に日本人の若年層から嫌厭されがちな仕事であり、リタイアした高齢者の活用や外国人の活用が期待されます。近年は床清掃を中心にロボットを活用している施設も見受けられますが、水回りやベッドメイキングなど、人の手で作業しないといけない業務が数多くあり省力化、省人化には限界があります。人とロボットの役割分担を進めていくとともに、誰でも同品質の業務ができるような教育・育成の仕組みづくりが求

第2章　外部環境編

められます。

　今後は、宿泊業界内だけでなく、地域の異業種との人材の奪い合いも加速することが想定されます。給与水準だけにとどまらない、魅力的な職場環境づくりを目指すためのハード・ソフト両面での投資や、柔軟な働き方を推進する仕組みづくりによる定着率向上が期待されます。

　また、今後も人材確保が困難な状況が継続することを前提に、思い切って、対人サービスを最小限にした抜本的な運営方法の変更により、スタッフ数を抑えて施設を経営するといった対応も必要になってくるかもしれません。

　これらの現状を踏まえ、次節からは「政治」「経済」「社会」「技術」の4つの視点で宿泊業界を解説します。

7　政治的視点で見た宿泊業界

Q 政治的動向が宿泊業界に与える影響について教えてください。

POINT　旅行需要や宿泊需要は、政策によって左右される。例えば、ビザの要件の厳格化や入国審査の強化は、旅客数を大きく減少させることにつながる。また、他国との政治的な緊張や国内情勢の不安定は、外需・内需ともに旅行活動を抑制することにつながる。一方、政策的に観光需要の増大に向けて外需獲得に係る施策や支援が拡大することが決定されれば、宿泊業界もその恩恵を享受することになる。各事業者は、政策や情勢を意識しながら自社の経営戦略を考案することが求められる。

A

1．日本国内における観光政策の全体像

　現在、日本政府は観光業を経済成長のための極めて重要な産業と位置付けています。国際的にも日本は観光地として高い評価を得ており、例えば、2022年に世界経済フォーラムが発表した「2021年旅行・観光開発指数レポート」いわゆる「観光魅力度ランキング」において日本は世界1位を獲得しています。交通インフラの充実や治安の良さや安全性、そして食文化や自然景観、アニメや漫画等のソフトコンテンツが充実している点などが評価された結果です。またホテル不動産の投資環境としても期待されており、高い建築技術や地政学的リスクが低い点、また外需の恩恵より更なる成長が見込める点が評価されています。

　このような環境下で、政府は観光を通じた国内外との交流人口の拡大

により、観光立国の実現を目指しています。観光立国とは国際競争力の高い魅力ある観光地域の形成と発信により、国内外の観光客を誘致して消費を喚起し、地域振興・活性化・雇用機会の増大につなげるというものです。

　2008年10月に国土交通省の外局として観光庁が設置され、現在に至るまで観光立国の実現に向けて、さまざまな施策を実行しています。当初は、東日本大震災や熊本地震などの天災、リーマンショック等の経済的な外部環境の影響もあり大きな成果はみられなかったものの、2013年以降、諸外国のビザ発給条件の緩和により、主にアジア圏を中心に訪日外国人観光客数が急増しました。2017年には、観光立国の実現に関する基本的な計画として新たな「観光立国推進基本計画」が閣議決定されました。計画内では数値目標も示され、国外からの観光需要を積極的に取り込むことが明確になりました。具体的には2020年に訪日外国人旅行者数4,000万人、訪日外国人旅行消費額8兆円を目指すことが掲げられました。更には2030年にそれぞれ6,000万人、15兆円とする高い目標が掲げられました。結果は、計画3年目の2019年には訪日外国人旅行者数は3,188万人、消費額は4.8兆円となりました。計画期間内の推移をみると、人数は増加しているものの、消費額が伸び悩んだことが見て取れます。

図表1　訪日外国人観光客数の推移

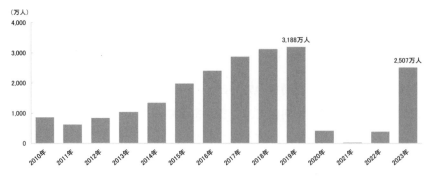

出所：日本政府観光局（JNTO）『訪日外客数』より山田コンサル作成

図表2　「外国人延べ宿泊者数」と「訪日外国人旅行消費額」の成長率比較

出所：観光庁『宿泊旅行統計調査』、『訪日外国人旅行消費動向調査』より山田コンサル作成

　このような状況を踏まえて、観光庁は訪日外国人旅行者の観光消費額の拡大を目指すべく、2023年3月31日に新たな「観光立国推進基本計画」を閣議決定しました。本計画期間は2023年度から大阪万博が開催される2025年度までの3年間で、持続可能な形での観光立国の復活に向け

て、「持続可能な観光」、「消費額拡大」、「地方誘客促進」をキーワードに、「持続可能な観光地域づくり戦略」、「インバウンド回復戦略」、「国内交流拡大戦略」という3つの戦略に取り組むことで観光の恩恵を全国に波及させることを狙ったものです。計画期間は2025年までの3年間であり、具体的な目標・指標を掲げています。

図表3　観光立国推進基本計画（第4次）の抜粋

観光立国推進基本計画（第4次）における目標　計画期間：令和5年～7年度

■早期達成を目指す目標：インバウンド消費5兆円、国内旅行消費20兆円
■2025年目標

持続可能な観光地域づくり	地域づくりの体制整備	① 持続可能な観光地域づくりに取り組む地域数	100地域
	インバウンド回復	② 訪日外国人旅行消費額単価	20万円/人
		③ 訪日外国人旅行者1人当たり地方部宿泊数	2泊
		④ 訪日外国人旅行者数	2019年水準超え
		⑤ 日本人の海外旅行者数	
		⑥ 国際会議の開催件数割合	アジア最大・3割以上
	国内交流拡大	⑦ 日本人の地方部延べ宿泊者数	3.2億人泊
		⑧ 国内旅行消費額	22兆円

出所：国土交通省『観光立国推進基本計画（第4次）概要』より山田コンサル作成

2．3つの観光戦略を実現するための施策

　前述した、新たな「観光立国推進基本計画」には、その戦略を実現するための施策についても明記されています。

　「持続可能な観光地域づくり戦略」については、主な施策として、地域一体となった観光地・観光産業の再生・高付加価値化、観光DXの推進、観光人材の育成・確保、観光地域づくり法人（DMO）を司令塔とした観光地域づくりの推進など12の施策が明記されています。

特に、地域への経済効果の高い滞在型旅行の促進に向けた宿泊施設の改修支援や観光DXの推進により、従業員待遇改善につなげる「稼げる産業の実現」が強調されています。そして地球環境を考慮した旅行の推進、地域資源の保全と観光活動が両立し、地域住民にも配慮のある地域づくりを観光地域づくり法人（DMO）が司ることで、「住んでよし、訪れてよし」の持続可能な観光地域づくりが進められ、ひいては日本が持続可能な観光の先進地域として世界にアピールできるようになることを目指しています。

次にインバウンド回復戦略については、消費拡大や地方誘客に効果の高いコンテンツの整備、訪日旅行での高付加価値旅行者の誘致促進、MICE（企業等の会議：Meeting、企業等の行う報奨・研修旅行：Incentive Travel、国際機関・団体、学会等が行う国際会議：Convention、展示会・見本市、イベント：Exhibition/Eventの頭文字を使った造語で、これらのビジネスイベントの総称）やIR整備の推進など10の施策が明記されています。

特に、足元の円安の追い風を活かしながら、訪日外国人観光客の回復と地方への誘客を図るため、文化、自然、食、スポーツ等の多岐にわたる分野を活用したプロモーションや体験・イベントを全国で実施することで日本各地の魅力を世界にアピールするとともに、地方直行便増加等のインフラも整備することで高付加価値な旅行者の誘致と消費拡大を図ることが強調されています。また大阪・関西万博等の開催も相まって、引き続き日本がMICE開催地として注目が高まるよう、各種国際会議を積極的に開催することで旅行需要の平準化やブランド力の向上を図るとともに、受け入れ可能かつ魅力的な会場、宿泊施設、娯楽施設等の統合型リゾートの整備に必要な施策を推進していくことが記載されています。

最後に国内交流拡大戦略については、国内旅行需要の喚起、新たな交

第 2 章　外部環境編

流市場の開拓、国内旅行需要の平準化の促進という 3 つの施策が明記されています。近年の国内旅行は人数・消費額ともに大きな成長はみられない一方で、コロナ禍で外的要因に対する強靱さが再認識されました。これを踏まえ、改めて外需の獲得だけでなく、国内交流の拡大に取り組む重要性が明らかになり、具体施策に落とし込まれました。特に、国民の観光旅行の促進・実施率向上を図るべく、大阪・関西万博を契機とした国内観光振興や高齢者等の旅行需要を喚起するためのユニバーサルツーリズムやバリアフリー化、交流市場の開拓を目的としたワーケーション、ブレジャー等の普及・定着、需要の平準化を目的とした平日旅行需要喚起を狙ったキャンペーンや休暇取得しやすい職場環境整備等が掲げられています。

　各施策の内容は、観光庁のみではなく、関係省庁や地方自治体等をも巻き込み連携しながら推進していくものであり、実現に向けた本気度が伺えます。

8　経済的視点で見た宿泊業界

Q 経済的動向が宿泊業界に与える影響について教えてください。

POINT 宿泊業界は国内外の経済的な要因に大きく影響される。経済成長は旅行活動の活性化や支出増加につながり、宿泊業界における需要の形成に大きく影響する。宿泊需要が増えることは、ホテル不動産の取得や開発、施設の設備投資につながり、結果的に経済活動の良いサイクルを回すことになる。また近年では、海外渡航も容易になり、国をまたいだ旅行者にとっては為替レートの影響も関係する。強い通貨を持つ旅行者にとっては、為替レートの有利な変動が、特定の目的地での滞在費を下げる好要因となる。コスト面では、人口減少下における採用競争力の強化や最低賃金の上昇は人件費をはじめとした運営費用の増加につながり利益の減少に直結する。経済動向を常に注視し、市場の変化に対応する戦略を立てる必要がある。

A

1. 経済成長と宿泊旅行の関係

過去のトレンドをみると、経済成長は宿泊旅行需要の形成に大きく影響しています。観光白書によると世界の実質GDP（国内総生産）の成長と比例するように国際観光客数が増加していることがわかります。さらに UNWTO（国連世界観光機関）の調査によると2009年のリーマンショック以降、新型コロナウイルスが流行する前までは国際観光客の到着数は年率4〜5％程度の成長を続けました。成長の背景には、新型

第 2 章　外部環境編

コロナウイルスが流行する前までは世界経済が比較的堅調であったこと、また新興国の成長に伴う中間層の拡大やLCC（格安航空会社）等の交通インフラの普及が挙げられます。

図表 1　国際観光客数と世界の実質GDPの推移

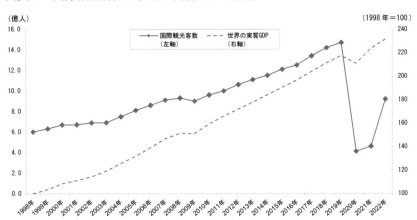

出所：国土交通省『観光白書』およびIMF公表データに基づき山田コンサル作成

　また、同じくUNWTOの調査によると、国際観光客到着数は2023年第 2 四半期には新型コロナウイルスが流行する前の85％、2023年 7 月には90％に達しており、引き続き旺盛な需要に支えられていることが分かります。とりわけ中東地域においては、既に新型コロナウイルスが流行する前の水準を20％上回っています。一方、アジア・太平洋地域は他の地域と比較すると回復のペースは遅く、新型コロナウイルスが流行する前比で60％程度の状況です。これは、中国の海外渡航制限が影響しているものと推察され、2023年 8 月の海外団体旅行規制の緩和により今後の回復が期待されます。

　観光客の目的地への到着は宿泊需要の発生と同義と言えることから、

今後も国際人口の継続的な増大や新興国を中心とした経済成長による国際観光客数の持続的増加に伴う宿泊需要の増加が期待されます。

　翻って日本国内を見てみると、観光庁が発表している宿泊需要を示す延べ宿泊者数は訪日外国人旅行者数の増加の恩恵を受けて、新型コロナウイルスが流行する前において急激な成長を遂げました。一方、日本人のそれは大きく伸びておらず、2013年43,240万人が2019年48,027万人と11％程度の成長にとどまり、近年は日本人による国内旅行活動に停滞感が生じています。周知の事実ですが、厚生労働省の調査によると2007年以降は出生数より死亡数の方が上回っている状況が続いており、人口減少は止められないことから、国内の宿泊需要の大きな成長は見込みにくいのが実情です。

２．旅行に対する消費支出の状況と今後の見通し

　日本国内居住者の旅行における消費動向を示す「日本人国内旅行消費額」は新型コロナウイルスが流行する前の2019年に21.9兆円でした。うち宿泊旅行は約8割にあたる17.2兆円であり、残りが日帰り旅行です。なお2022年の年間速報値は、新型コロナウイルスが流行する前の約8割にあたる17.2兆円でした。うち宿泊旅行は13.7兆円であり、まだ完全回復には道半ばの状況です。一方、日本人による国内旅行の旅行消費単価（1人1回あたり消費額）は、2019年55,054円であり、2022年は59,042円と新型コロナウイルスが流行する前より増加しています。なお、この支出には、参加費（旅行会社のパックツアー利用や職場や学校等の団体旅行への参加にかかわる費用）、交通費、宿泊費、飲食費、買物代、娯楽等サービス費等が含まれています。これらの情報から、原材料価格や原油価格の高騰に伴うインフレーションにより、旅行全体にかかる費用が高くなっており、比較的経済的に余裕のある人のみが、継続的に旅行活

第2章 外部環境編

動を実施している傾向が見て取れます。

図表2 日本人国内旅行消費額の推移

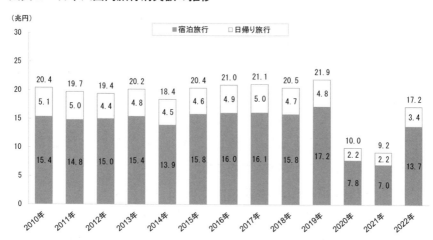

出所：観光庁『旅行・観光消費動向調査』より山田コンサル作成

図表3 日本人国内旅行単価

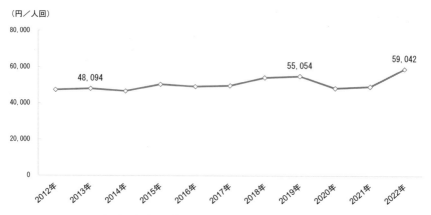

出所：観光庁『旅行・観光消費動向調査』より山田コンサル作成

今後も宿泊旅行の単価上昇は続くことが想定されます。その背景として、仕入コスト増や人件費の増加による価格転嫁、宿泊需要の更なる増加、高価格帯の宿泊施設の新規開業が挙げられます。

　まず、仕入コスト増や人件費の増加による価格転嫁については、企業間で取引される財の価格変動の状況を把握する際の指標となる企業物価指数が2021年夏以降、前年同月比でプラスの状態が継続していることに起因します。また政策的な賃金上昇圧力も相まって、最低賃金は毎年上昇基調にあることも一因として挙げられます。これらのインフレ要因は企業努力のみで解決することは難しく、結果的に消費者への価格転嫁の動きが活発になることが想定されます。

　次に、宿泊需要の更なる増加について、STR社のマーケットフォーキャストレポートに掲載されている需給見通しのインデックスによると、宿泊旅行の中心地である東京エリアにおいては、2027年頃まで客室の供給量に比して需要の成長が上回って推移することが予測されており、これも宿泊単価上昇の要因となりえるものと推察されます。

　最後に、全国各地で比較的高価格帯の宿泊施設の新規開業が相次ぐことも見逃すことができません。全国の主要都市、主要観光地を中心に、今後も継続的にラグジュアリーホテルの建設ラッシュが続く見込みであり、彼らが地域の客室単価向上を牽引することが想定されます。

第 2 章　外部環境編

9　社会的視点から見た宿泊業界

Q 社会的動向や変化が宿泊業界に与える影響について教えてください。

POINT 消費者の価値観の変化は、宿泊業界に大きな影響を与える。主に、個人型旅行への変化、旅先や宿泊施設の情報取得手段の変化、旅行予約手段の変化、モノ消費からコト消費への変化が挙げられる。消費行動の変化は、商品を販売する際の販路やプロモーション戦略に影響を及ぼす。とりわけインターネットが普及してからの変化は著しく、24時間365日、任意の場所から自身の利用目的や予算に合った客室の予約が可能になった。また、消費者は口コミサイトやSNSを活用して宿泊先の比較検討に必要な情報を収集し、期待と現実のギャップを減らすことが可能になっている。各事業者は、消費者の行動の変化を意識しながら、潮流に合った最適な販路を選択することが求められる。

A

1．個人型旅行への変化

　日本で宿泊旅行活動が大衆化したのは高度経済成長期であり、経済活動が活発になることに伴う交通インフラの整備、輸送力の向上、宿泊施設の大型化に起因しています。当時は多くの企業が従業員の福利厚生を目的に慰安旅行を盛んに行い、また国内各地で観光地の整備が進んだことに伴い、旅行活動が活発になりました。経済情勢により一時的に停滞した時期もありましたが、この傾向はバブル期まで続きました。団体旅

行は、宿泊先はもちろんのこと、移動手段、経由する観光地やお土産物店、朝昼晩の食事内容、行動スケジュールが全て決まっており、ときには添乗員や現地ガイドが帯同しながら集団で行動する旅行形態を指します。

　バブル崩壊により、企業側も社員旅行や福利厚生制度等の見直しにより団体旅行は減少し、豪華レジャー施設の建設やリゾートバブルは終焉を迎えました。余暇の過ごし方の変化も相まって、旅行の形態は団体型から個人型にシフトしました。旅行代理店がパッケージングした旅行プランを個人単位で申し込むスタイルへの変化です。当時は、宿泊と現地移動の交通チケットを組み合わせたプランや、募集型企画旅行に個人で申し込んで参加するスタイルが主でした。

　2000年代になりインターネットが急速に普及し、オンラインエージェント（以下OTA）が台頭してきました。OTAについて詳細は後述しますが、この時期から航空券や鉄道切符、レンタカー等についても各事業者が自社のWEBサイトで販売するようになり、消費者が各自で手配をして自由に旅程を組む、現在では一般的な旅行スタイルが確立されました。またモバイル端末の普及により、旅先や観光地の情報取得が容易になり、選択権を得た消費者は自身の価値観や目的に合わせて旅をカスタマイズするようになりました。

　パーソナライズ化の傾向は今後も加速することが想定され、従来の来店型旅行代理店の役割は旅行手配だけではない、新しい付加価値の提供が求められます。

第2章　外部環境編

図表1　旅行形態にかかる団体、個人の比率変化

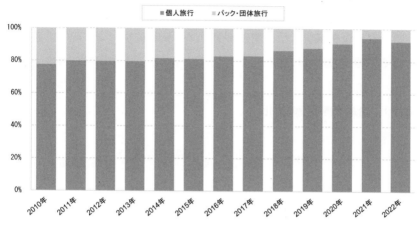

出所：観光庁『旅行・観光消費動向調査』より山田コンサル作成

2．旅先や宿泊施設の情報取得手段の変化

　インターネットが普及する以前は『るるぶ』や『まっぷる』等の旅行雑誌媒体や旅行代理店の店頭に並んでいるパンフレットを活用して旅先や宿泊施設の情報を取得することが一般的でした。これらは、インターネットの普及に伴い、紙面媒体からWEB媒体へと変化しています。近年はSNSを活用するようになり、情報の取得手段は変遷しています。この背景には、情報があふれている現代において、嗜好が類似している人（SNS等でフォローしている人）や利害関係のない第三者による中立的な情報が、消費者にとって優位にあるものと思われます。

　また日常的な情報取集をする際にgoogle等のwebブラウザからの検索だけでなく、Instagramでのハッシュタグ検索を行うように変化してきています。この傾向は、特にデジタルネイティブと呼ばれる幼い頃からパソコンやスマートフォンのある生活環境で育った世代や、今後の消費の中心となるミレニアル世代において顕著な行動様式です。旅行先や宿

泊先を決める際にも同様の行動を実施して、動画や写真を見ながら、視覚的な感性を基に意思決定を行っているものと推察されます。

この様に情報取得に活用するメディアの変遷は早いことから、各事業者はその時々の潮流に合わせて柔軟に対応することが求められます。

図表2　情報取得手段の変化

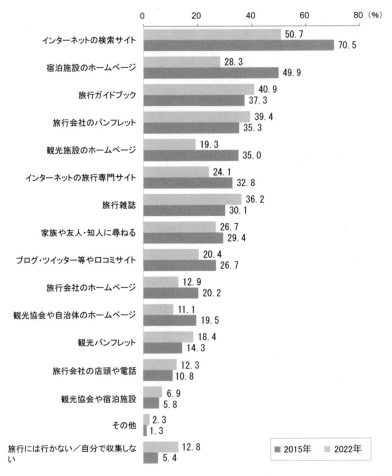

出所：公益財団法人日本交通公社『JTBF旅行意識調査』より山田コンサル作成

第 2 章　外部環境編

3．旅行予約手段の変化

　個人型旅行への変化でも先述したように、かつては対面式での旅行予約手配業務を行うリアルエージェント（以下、リアルAGT）と呼ばれる、窓口型の旅行代理店に訪問して旅行商品を購入することが主流でした。しかし1990年代後半からのインターネットの急速な普及により、OTAと呼ばれる、店舗や窓口を構えずに、オンライン上のプラットフォームを通じて予約手配業務を行う旅行代理店が市場に参入してきたことにより、消費者の旅行や宿泊施設の予約手段は大きく変化しました。消費者にとって、店舗へ出向く手間が省けて、さらには24時間好きなタイミングで予約できることは革新的であり、現在でもOTA経由での予約が主流となっています。またOTA各社も利用者の意見を反映しながら、プラットフォームを定期的に改修することで、ユーザビリティの向上を図っています。

　なお、近年ではメタサーチエンジンと呼ばれる旅行比較サイトの利用者も増えてきています。これはOTA等の旅行サイトに掲載されている宿泊プランを、複数の検索エンジンから横断的に検索して、その結果を一括比較できるというものです。消費者は同じ宿泊プランであれば最安値で購入したいものです。メタサーチエンジンを活用することで、複数のエージェントサイトを遷移しながら比較検討する手間を省くことができ、効率的に適正価格の宿泊プランを購入することができます。

　今後も消費行動の変化に合わせて、予約プラットフォームの進化が続くことが想定されます。例えば、消費財のECサイトのように、利用者のニーズや嗜好に合わせて、質の高いレコメンデーションができるようになるかもしれません。近年消費者は、「自ら調べる」ことが減り、「お勧めされたものに関心を持つ」ようになったと言われています。

図表3　旅行予約方法の変化

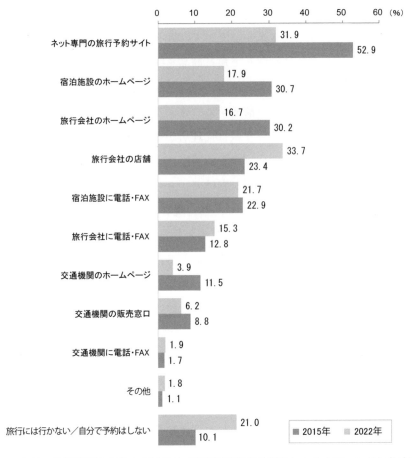

出所：公益財団法人日本交通公社『JTBF旅行意識調査』より山田コンサル作成

4．モノ消費からコト消費への変化

　かつては、ホテルといえば「広くて快適な部屋」や「充実したアメニティ」といった「モノ」の価値が重視されていました。しかし現在は、消費者の価値観が大きく変化し「コト」への関心が高まっていることは

周知の事実です。旅行者は宿泊施設に対して「特別な体験」や「記憶に残る瞬間」を求め、単に寝るだけの場所ではなく、その土地ならではの文化や歴史に触れることができるような、より豊かな体験を期待しています。

　例えば、体験型サービスの拡充が挙げられます。地域との連携を深め、地元の食材を使った料理教室や、周辺の観光地を巡るツアーなどを企画することで、宿泊客に特別な体験を提供しています。また、施設内での各種プログラムやワークショップなど、アクティブに過ごしたい人向けのサービスを充実させています。他にも、施設の歴史や地域の文化を物語として伝え、宿泊客に感動を与えることで、記憶に残る滞在を提供する事例もあります。例えば、老舗旅館では、その土地の伝統的な茶道体験をしたり、地元の職人による手仕事を見学したりといった、ストーリー性のあるプログラムを提供しています。

　このように、各施設は「モノ」から「コト」へと変化する消費者のニーズに対応するため、さまざまな取り組みを行っています。そして、これらの取り組みは、単に宿泊客の滞在満足度を高めるだけでなく、地域への経済波及効果も期待できます。

10 技術的視点から見た宿泊業界

Q 技術的動向や変化が宿泊業界に与える影響について教えてください。

POINT ITやロボット技術の進歩は、宿泊業界における人手不足を緩和し、宿泊者への安定した品質のサービス提供を継続することを可能にしている。さらに、宿泊業界における顧客体験価値の質向上、運営効率の向上に貢献している。例えば、オンライン予約のほか、非対面での接客応対、モバイルアプリによるチェックイン・チェックアウトのプロセスの簡素化が実現された。またAIチャットボット等の活用により、消費者からの基本的な問い合わせ対応の自動化や質の安定化も図られている。配膳や清掃業務にはロボットが大きく寄与している。顧客管理や従業員の業務管理、施設管理等、消費者には目に見えないバックオフィス業務もITの導入・活用により、効率化を実現している。

A

1．IT化が遅れている宿泊業

 一般的に、宿泊業は他産業と比較すると労働生産性が低く、IT化が遅れている産業と言われています。この背景として、宿泊業は対人接客による「おもてなし」によるサービスが必須であるという古い業界慣習にとらわれているように感じられます。かつてのホテル・旅館業は地方の雇用の受け皿となっており、就職先として人気業種でした。安い人件費で多くの人材を採用することが可能だったため、施設を運営していく

なかで機械化が必要ではなかったのです。また日本の宿泊施設の多くは資金力の乏しい中小事業者であり、売上拡大につながりにくいITシステムやロボットの導入に躊躇してきました。

しかし、近年は、業界全体で人材採用が困難な状況にあります。アナログな業務慣習から脱却し効率的な運営を余儀なくされています。新型コロナ流行により非接触・非対面のニーズが高まったこともIT化推進の追い風となって意識変革につながりました。

２．IT化により変化する接客応対

接客応対の大きな変化として、非対面のチェックイン・チェックアウトシステムが急速に普及したことが挙げられます。2018年６月の旅館業法改正により、一定の要件を満たせば施設に玄関帳場（フロント）を未設置でも良くなったことが、その背景にあります。一定の要件とは、①事故発生などの緊急時に迅速な対応がとれる態勢が整備されていること（宿泊者の求めに約10分程度で職員が駆け付けられる態勢であること）②ビデオカメラなどによる鮮明な画像で宿泊者の本人確認や出入りの状況の確認が常時可能なこと③鍵の受け渡しが適切に行われること（必ずしも手渡しの必要はない）であり、この３つを満たすことができれば対面式でのチェックイン対応が不要となりました。またチェックイン時の本人確認の手法は、テレビ電話やタブレット端末等を活用した方法も認められるようになりました。これによりフロントに従業員を配置しなくても宿泊施設の運営ができるようになりました。

また、近年は、各ホテルがアプリ開発による顧客体験価値向上に努めています。主にアプリをインストールすることにより実現できることとして、アプリ内でのベストレートでの客室予約、施設に来館する前の事前チェックイン、ロイヤリティ向上のためのポイント管理ができます。

またスマートフォンがルームキーとして使えたり、ホテル内の各施設の予約ができたりする施設もあります。

さらにAIチャットボットの進化は顧客体験、業務効率の両面での良い効果をもたらしています。例えば顧客体験の観点では、時間帯関係なく消費者が求めている問い合わせに対応でき、多言語対応により言語の壁を取り除くことを実現しています。また業務効率の観点では、基本的な問い合わせへの対応を自動化することで従業員の労働負担が軽減され、顧客からの問い合わせ対応のエラーの減少につながっています。

図表1　無人チェックイン機

出所：オムロンソーシアルソリューションズ株式会社『ホテル自動チェックイン機セルフチェックイン端末スマーレ』より写真を転載

図表 2　AIチャットボット

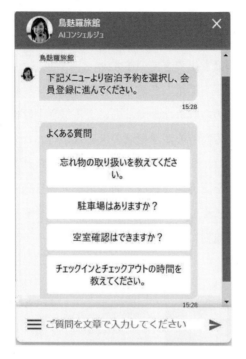

出所：Tripla株式会社『triplaBotデモページ』より写真を転載

3．ロボット活用により変化する業務

　人手不足の宿泊業において、ロボット活用による省人化は喫緊の課題といえます。主な活用方法として、食事会場や宴会場での配膳や下膳、ルームサービスのデリバリー対応、清掃業務の一部移譲が挙げられます。
　現在、大手のファミリーレストラン等で多く見られるようになった配膳や下膳ロボットは、宿泊施設においても積極的に導入が進み、労働力として扱われています。特に大型の食事会場や宴会場を有するフルサービス型の宿泊施設では人手不足の解消に寄与しています。また人員は整っていても、サービススタッフの高齢化により、体力的な観点で一度に

多くの皿や飲料を運んだり、複数のテーブルを受け持ったりするのは困難です。このような観点でもロボットの貢献性は高いと言えます。最近では、宿泊者のルームサービス利用に伴う客室への配達業務をロボットが代替している施設も出てきています。

　清掃業務のロボット活用も各施設で進んでいます。新型コロナ禍以降、衛生面の強化が求められるなかで、人による拭き上げ作業が必要な箇所とロボットに任せる箇所の清掃領域の区分けが行われています。清掃ロボットの主な用途は、床掃除、窓や鏡拭きが挙げられます。床掃除ロボットは一度ルートを記憶させれば、同じルートを自動で反復移動するため、清掃の均質化にもつながっています。また窓や鏡拭きロボットは、客室の清掃時間の短縮につながっています。

図表3　配膳ロボット

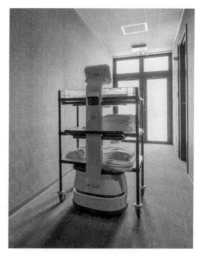

出所：株式会社タップ『【レポート】タップ ホスピタリティラボ 沖縄 開設記念式典』より写真を転載

図表 4　清掃ロボット

出所：ソフトバンクロボティクス株式会社『除菌清掃ロボットWhiz旅館導入事例』
　　　より写真を転載

　今後も人材確保が困難を極めるなか、適正な収益を生み出して事業を継続していくためには、これまでのような労働集約型の運営慣習からの脱却が必要です。そのためにはITやロボットを上手に活用しながら、対人の接客による付加価値業務と、機械に置き換えることが可能なノンコア業務を区分した、合理的な施設運営が求められます。

外部環境編チェックシート

☐ 旅行体験や宿泊体験の価値向上による消費単価の増加が期待される。また生産年齢人口の減少により働き手の確保がより一層困難になることが想定され、それを見据えた運営の工夫が必要となっている。

☐ 旅行需要や宿泊需要は、政策によって左右される。宿泊業は、政策や状勢の変化に対応した経営が求められる。

☐ 経済成長による人流変化、消費者の支出傾向、為替レートの変動などが業界に大きな影響を与えることから、経済動向を常に注視し、市場の変化に対応する戦略を立てる必要がある。

☐ 消費行動の変化は宿泊業に大きな影響を与える。個人型旅行への変化、旅先や宿泊施設の情報取得手段の変化、旅行予約手段の変化、モノ消費からコト消費への変化が挙げられる。消費者行動の変化の背景にある「価値観の変化」と「情報技術の進化」と見極めた経営が求められる。

☐ ITやロボットを上手く活用することは、宿泊業界における人手不足を緩和し、従業員の働きやすい環境を整えると同時に、宿泊者への安定した品質のサービス提供を継続することが可能になる。

> **コラム**

宿泊業におけるサステナビリティの取り組み

　近年、企業の社会的責任の一環で、各事業者は持続可能な社会の実現に向けた取り組みが求められています。とりわけ温暖化や環境破壊などの問題に、国民全体が関心をもって向き合い、年々その意識は高まりつつあります。環境配慮と経済的利益の両立が、持続可能な宿泊事業を展開していく際のポイントと言えるでしょう。

　本コラムでは、環境の観点でのサステナビリティの取り組みに関して、施設運営、ツーリズム、ホテル物件の3つの視点で解説します。

1．施設運営面における取り組み

　2022年4月「プラスチック資源循環促進法」の施行に伴い、宿泊事業者はその対応が求められています。この法律はプラスチック廃棄物の問題に対処し、環境保全と資源循環の促進を図ることを目的としたものです。対象はプラスチック製品を製造する事業者だけでなく、同製品を販売・提供する事業者、回収・リサイクルを行う事業者まで多岐にわたります。

　宿泊施設では、主にアメニティや客室備品でプラスチック製品を提供しており、その廃棄量の削減を推進しています。主に、歯ブラシ、ヘアブラシやクシ、カミソリ、シャワーキャップが対象となり、最近では必要な分だけを宿泊者に利用してもらうアメニティバイキング形式を導入する施設が増加しています。また、バイオマスや竹素材などの代替素材を活用した製品への変更の動きも見られます。その他、シャンプーやコンディショナー、シャワージェル、ハンド

ソープは、客室備え付けのポンプ式ボトルへ変更の動きが加速しています。さらには、客室内のペットボトルタイプのミネラルウォーターの提供を止めて、紙パック形式のミネラルウォーターの提供やウォーターサーバー形式に変更するといった対応も業界標準になりつつあります。

２．ツーリズム面における取り組み

　コロナ禍が明けて旅行需要の回復による恩恵を受ける一方で、日本国内ではオーバーツーリズムによる弊害が問題提起されています。オーバーツーリズムとは、特定の地域への観光客の集中によるキャパシティを超えた過度な混雑により、旅行者の満足度低下はもとより、自然環境や景観、地域住民の生活にマイナスの影響を及ぼす状況のことを指します。

　この様な状況下で、近年、観光客一人ひとりに責任ある行動を求めるレスポンシブル・ツーリズムという概念が注目されています。これは、訪れる観光客自身が、旅行先の地域の風土や文化、住人を尊重し、さらに環境に及ぼす影響に責任を持ち、配慮した観光スタイルのことを指します。観光地と観光客双方が協力し合い、持続可能な滞在体験を創造することが求められています。

　例えば、車両乗り入れ禁止の観光地があります。地域内では電気自動車または徒歩のみでの移動と限定することで、環境や景観が保全され、また地域の住民は普段通りの生活ができるような環境が整っています。また動物への接近禁止や植物を採取しないといったルールを設けている観光地もあります。その他、地域や環境の保全を趣旨とした観光政策推進の財源にするべく、旅行者を対象とした税金や利用料の徴収により、地域に訪れた観光客にも応益負担しても

らい、持続可能な観光地を形成していくといった動きも見られます。

3．ホテル物件面における取り組み

　近年は、宿泊施設のハード面でのアプローチによる環境配慮に向けた取り組みも増加しています。

　例えばZEBが挙げられます。ZEBはネット・ゼロ・エネルギー・ビルの略で、創エネや省エネにより建物のエネルギー消費量を実質ゼロにするというものです。例えば創エネに関しては、太陽光発電設備の設置で生まれた電力の活用や、温泉熱を暖房利用するなどの取り組みが挙げられます。また省エネに関しては、LED照明の活用、高断熱の建材の活用が挙げられます。

　また、建物そのものを木造化することによる建築時におけるCO_2排出量を削減するといった取り組みも見られます。例えば、CLTと呼ばれる木質系の材料を使った建築により、鉄やコンクリートに比べ製造過程でのCO_2削減効果が期待できます。またコンクリート打設時の粉じんやほこり、騒音などを抑制でき、周辺環境にも配慮した建築が可能となります。

　他にも、リサイクルプラスチックや再生可能素材を活用した、家具・備品の活用が挙げられます。

第3章

成長戦略編

11 宿泊業における成長とは

Q 宿泊業の成長の方向性を教えてください。

POINT 宿泊業は装置産業である。そのため、館の大きさや立地で売上の上限がほぼ決まる。つまり、単館での成長には限界があるので、売上高を拡大するためには、他業種への展開による成長（Ⅰ）、エリアの拡大による成長（Ⅱ）、もしくはⅠとⅡの組み合わせによる成長（Ⅲ）の3つの方向性が考えられる。本書では、宿泊業の量的成長の道筋を次の4つの型に定義する。①地域でのビジネス拡大（地域事業展開型）、②観光地を作り出す成長（観光開発型）、③複数のタイプのホテルを展開する成長（複数業態展開型）④同じタイプのホテルを複数展開する成長（単一業態展開型）である。それぞれの型においてKSF（Key Success Factor：重要成功要因）が異なるので留意が必要である。

A

1．単館でのホテル・旅館の成長の限界

ホテル・旅館は装置産業であり、投資の段階で市場（エリア）が決定され、客室数や設備も決まるため、初期投資時点で見込まれる売上高の上限が概ね決まります。

理論上は客室稼働率を100％として客室単価を向上させていくことで売上高の拡大を続けることは可能ですが、一定の宿泊予約キャンセルが発生することや季節ごとの繁閑を踏まえると客室稼働率の向上や、周辺の競合との比較から客室単価の向上には限界があります。したがって、

第3章 成長戦略編

単館でのホテル・旅館で持続的に量的成長を続けていくことは非常に困難です。

単館での量的成長に限界があるホテル・旅館の量的成長の方向性としては、他業種への展開による成長（Ⅰ）、エリアの拡大による成長（Ⅱ）、もしくはⅠとⅡの組み合わせによる成長（Ⅲ）の3つが考えられます。この3つの方向性を踏まえて、本書では、宿泊業の量的成長の道筋を次の4つの型として定義します。①地域でのビジネス拡大（地域事業展開型）、②観光地を作り出す成長（観光開発型）、③複数のタイプのホテルを展開する成長（複数業態展開型）、④同じタイプのホテルを複数展開する成長（単一業態展開型）です。それぞれの型においてKSF（Key Success Factor：重要成功要因）が異なるため留意が必要です。

図表1　ホテル・旅館の量的成長の3つの方向性と道筋（4つの型）

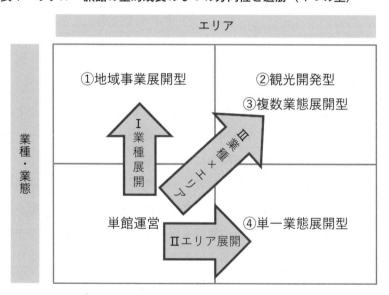

出所：山田コンサル作成

図表2　ホテル・旅館の成長の道筋（4つの型）とKSFの整理

成長の方向性	成長の道筋	説明	KSF（重要成功要因）
Ⅰ　業種展開	①地域事業展開型（地域でのビジネス拡大）	観光地において他業種に展開して成長を目指す	・宿泊施設のターゲットと周辺事業のターゲットの一致
Ⅱ　エリア展開	④単一業態展開型（同じタイプのホテルを複数展開する成長）	ビジネスホテルのチェーン展開で成長を目指す	・チェーンオペレーションの徹底、浸透
Ⅲ　業種×エリア	②観光開発型（観光地を作り出す成長）	宿泊施設を中心に観光地を新たに開発して成長を目指す	・宿泊施設のブランド力 ・宿泊施設のターゲットと周辺事業のターゲットの一致
Ⅲ　業種×エリア	③複数業態展開型（複数のタイプのホテルを展開する成長）	連泊型ホテルとビジネスホテル、ラグジュアリーホテルなどのターゲットごとに業態を変えて成長を目指す	・業態ごとのターゲットやコンセプトの違いの明確化 ・エリア特性にあった業態の選択

出所：山田コンサル作成

① 地域事業展開型

　宿泊業を運営する企業が、地域で他事業を展開することで、売上高・利益の拡大を狙う成長の方向性です。この成長には2つのパターンがあります。1つ目は他業種が宿泊業に後から参入したパターンです。

　このパターンは、鉄道会社が地域への観光客を増やし、滞在期間を延ばすためにホテルを開発するケースが多くありました。ゴルフ場やレジャー施設を運営する企業が宿泊施設も保有することで地域への滞在期間が伸び、地域への経済効果が期待できます。各地域のコングロマリット企業にとって、手を出しやすい多角化事業であったこともあり、このパターンで開業した宿泊施設は多く見られました。現在でもアウトレット

第3章　成長戦略編

ショッピングモール併設の宿泊施設の開発が進められるなど滞在期間を伸ばして、周辺施設での消費を増やす戦略として活用されています。

　2つ目は、宿泊業者が周辺事業を展開するパターンです。宿泊業を主体としている企業が事業拡大のために周辺事業へ進出をしていきます。複数の飲食施設やお土産屋、雑貨店を集積し観光地化し、地域全体の価値を高め、宿泊施設の収益力も上げる戦略です。従来は集客施設があり、そこに宿泊施設が付属するという構図でしたが、宿泊施設に対する価値観が変化し、宿泊を中心とする展開が生じるようになりました。

　地域事業展開型では、KSF（重要成功要因）となるのは、宿泊施設のターゲットと周辺事業のターゲットが一致していることです。極端な例ですがファミリー向けの宿泊施設であれば、ゴルフ場を併設したとしてもファミリータイプ客室の稼働が空いてしまいます。一方で、遊園地との併設であれば、「子供連れ」という共通のターゲットを狙うことで、ファミリー向けの宿泊施設でも相乗効果が期待できます。

② 観光開発型

　地域事業展開型を複数地域で展開する企業も近年では現れており、新たな宿泊業の成長となってきています。従来のいくつかの事業のうちのひとつに宿泊業があるのではなく、事業の中心に宿泊業を据え、宿泊業で集客をして、他事業で更に収益を稼ぐという成長で観光地域を開発する展開をしています。

　地域事業展開の2つ目のパターンである宿泊事業者が周辺事業を展開していくパターンと類似していますが、観光開発型では特定のエリアでの成長に限らず、次々に新しい観光地の開発を狙っていくという点で異なります。

　観光開発型では、自身のホテルを中心に観光地を作り上げていきますので、競合の少ない市場を作り出すことが可能です。ただし、宿泊施設

自体に強烈なブランド力が必要です。さまざまなニーズの旅行者を確保するため、メインのホテル・旅館とは違った業態の宿泊施設を作ることで競合の進出を防ぎ、地域でのシェア率を狙うといった展開を行っている企業もあります。

観光開発型のKSFは2つあります。1つ目は地域事業展開型と同様に宿泊施設のターゲットと周辺事業のターゲットが一致していることです。2つ目は宿泊施設がブランド力を有していることです。宿泊施設に宿泊することでブランドを堪能し、周辺施設での消費活動にも満足感を感じられることが必要です。

③　複数業態展開型

複数エリアに展開をするという意味ではビジネスホテルチェーンなどと同様ですが、単一の業態ではなく、複数の業態を館に持ち、地域ごとの特性に合わせて出店を行う、複数の業態で成長をする企業もあります。

単一業態では出店に必要な要件を満たす出店用地に限りがあるため、複数業態を持つことで可能性を広げることができます。例えば、ビジネスホテル単体では駅前、もしくは高速道路のインターチェンジ付近中心の出店になりますが、食事に力を入れたリゾートホテルよりの業態を持つことで、駅やインターチェンジから離れた観光施設付近でも出店が可能になり、成長のスピードを上げることができます。

複数業態展開型のKSFは、業態ごとにターゲットやコンセプトの違いを明確にし、エリア特性にあった業態を選択することです。この成長で陥りがちなのが、業態ごとでの違いを作れていないパターンです。経営者としては別業態として認識しているが宿泊者から見たときには同一の業態に見えてしまっており、エリア特性に合わせた集客ができていないケースは散見されます。

第3章　成長戦略編

④　単一業態展開型

　複数エリアに展開を行う成長の方向性を目指す企業の多くはビジネスホテルチェーンです。

　これらの企業は、決まったフォーマットに基づいてチェーン展開し、オペレーションの均一化を極めることで効率的で収益性を挙げ、均一の物件をより多く作ることで成長を遂げてきました。

　全国展開をしている企業もあれば、特定の地域で出店を続けるドミナント戦略で施設数を増やしている地場チェーンのビジネスホテルもあります。単館から別館での拡大、地場チェーン、全国チェーンと展開をしていき、最終的には海外への展開をしていく企業もあります。

図表3　ホテル・旅館の成長方向性・道筋（エリア展開）

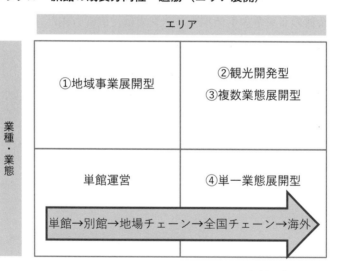

出所：山田コンサル作成

　チェーンホテルであっても、単館での業績改善は重要な論点ではあり

ますが、全国での統一性や効率性がより優先される傾向にあります。

　単一業態展開型のKSFはチェーンオペレーションの徹底・浸透です。他の小売業・サービス業と比較して、宿泊業は顧客が商品・サービスに触れる時間が長いため、より多くの事項を統一化・均一化していかなければなりません。

　サービス品質のマニュアル化や仕入窓口一本化によるスケールメリットを狙うなどの基本的なチェーン化はもちろんのこと、客室のつくりや調度品の質、予約システムの構築など多くのことを統一化・均一化していく必要があります。

　チェーンオペレーションの仕組みを構築し、かつ新規に施設を建設していくには多大な労力・資金力が必要になります。一足飛びに単一業態展開での成長を遂げていくにはハードルが高いと言わざるを得ません。比較的新興のビジネスホテルチェーンでは、直営方式だけでなく、チェーンオペレーションの仕組みのみを構築し、フランチャイザー化することで出店数を増やすFC成長で店舗数を増やしている企業もあり、自社の資金力や人員体制に見合った展開を検討していくことが重要です。

第3章　成長戦略編

12 エリアにおける市場機会の特定

Q 宿泊施設の成長を考えるにあたって、市場機会をどのように特定すればよいでしょうか。

POINT 宿泊業は立地するエリアの特性に強く影響を受ける事業である。エリアに来る客層を把握し、周辺の観光施設や出張需要が見込まれる工場の有無、既存の競合の特徴など、エリア特性の把握が極めて重要である。エリア特性の把握をした上で、周辺顧客の需要動向からポジショニング・マップを作成し、既存競合をマッピングしていき、エリアにおける需要と供給のギャップが大きいセグメントがどこにあるのかを探る。その上で、館のコンセプトの骨子を策定していくことが重要である。

A ....

１．ポジショニング戦略の重要性

　宿泊業における事業拡大を考える上で、行きつく先は他業種への展開かエリア拡大ですが、多くのホテル・旅館が単館での収益を最大化できているとは言えません。まず行うべきことは単館での収益力の改善・拡大です。

　単館での収益力改善・拡大を考えていくにあたり、前提となるのがエリアにおけるポジショニングです。宿泊業は立地するエリアの特性に強く影響を受けるため、マクロの外部環境を把握するだけでなく、ミクロでの外部環境の把握が重要なポイントになります。

　エリアにおけるポジショニングによって、取るべき施策の内容も変わ

り、あるホテルにとっては有効な施策が別のホテルにとっては逆効果となることも想定されます。そのため、ポジショニング戦略を検討していくことは、最初に着手すべき最重要事項であると言えます。

ポジショニング戦略を決めるにあたって、以下の手順を踏むのが効果的です。

図表1　ポジショニング戦略策定からコンセプトの骨子策定までの手順

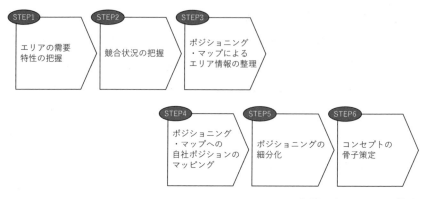

出所：山田コンサル作成

2．エリアの需要特性の把握

　観光地によって顧客層は大きく変わります。距離は近くとも、公共交通機関や道路環境が違うだけで顧客層が大きく変わります。例えば、伊豆半島の西伊豆と東伊豆はどちらも人気の観光エリアで直線距離は近いものの顧客特性は異なります。東伊豆エリアは関東地方からのアクセスが良く、個人・団体どちらも集客が見込め、加えて電車でもアクセスができるため、車を持たない旅行客も取り込めています。一方で西伊豆エリアは自然豊かな風景や駿河湾の眺望が人気のエリアですが、電車でのアクセス方法がなく、自家用車やレンタカーによる旅行が主となり客層

が限定されています。

　このように、地図上では同一のエリアに見えても、特性が大きく異なることがあります。エリアの需要特性を把握するには、旅行目的、年齢、所得水準、交通手段などの項目で顧客層を分析していくことが必要です。

　既に宿泊施設を運営している場合はPMS（宿泊管理システム）や予約管理台帳および旅行代理店から提供された調査レポートから館の顧客層が把握できます。ただし、エリアの顧客層と館の顧客層でのずれが発生している可能性もあるため、地方自治体が作成する観光振興計画を確認し、現在地域にどのような属性の観光客が来ているのか、地域としてどんな観光地を目指そうとしているのかを把握します。顧客層を把握するにあたっては、可能な限り多くの切り口で分析し、顧客をセグメント化することが成功のカギです。

　分析をする上での主な切り口を**図表2**にて記載します。分析においては単独の切り口ではなく、「首都圏在住」の「50代」「女性」の「友人グループ」での「観光」旅行といった具合に複数の切り口を組み合わせた分析が行えると更に効果的です。

図表2　顧客セグメントの切り口

情報取得の方法	セグメントの切り口	セグメントの例
基本情報	1組当たり人数	1人
		2人
		3人以上
	居住地	同都道府県
		首都圏
		その他県外
		海外
	性別	男性
		女性

情報取得の方法	セグメントの切り口	セグメントの例
アンケート等での追加取得	目的	観光
		ビジネス
	年齢層	20代
		30代
		40代
	グループ構成	１人旅
		カップル・夫婦
		家族
		友人
	目的地	○○神社
		△△ランド
︙	︙	︙

出所：山田コンサル作成

3．競合状況の把握

　エリア分析を進めるにあたって顧客層の分析と並んで把握をしなければならないのは競合状況です。競合の業態や立地、価格帯といった基礎的な情報に加え、客室タイプごとの数や広さといった客室情報、ドライヤーや電子レンジの有無といった客室備品の状況、大浴場や休憩室といった客室外の設備の状況まで調査を行い、競合状況を把握します。

　多くの情報は競合のホームページや宿泊予約サイトに記載されている情報で把握することが可能ですが、必要に応じて実際に顧客として利用する覆面調査まで行います。競合がどのような施設でどのような設備や備品を備えているかを把握することで、その競合がどのような顧客層を狙っているかが想定できます。例えば、電子レンジを全客室に備えているビジネスホテルの競合があれば、連泊により食事の飽きが生じることを見込んで設置しているのではないかということが想定されます。

4．ポジショニング・マップによるエリア情報の整理

　エリアの顧客層の特性と競合の状況が把握できたら、次に情報を整理します。情報の整理の方法はさまざまな方法がありますが、代表的な手法はポジショニング・マップの作成です。ポジショニング・マップは、他社との差別化を図るときに有効なフレームワークであり、業界への新規参入時にも用いられる指標です。縦軸と横軸で4つの領域を区切り、他社の製品やサービスがどこに位置するかマッピングを行います。

　縦軸と横軸を何に使うかは決まっておらず、軸として何を設定するかがポジショニング・マップを作成する上での重要なポイントです。宿泊業においてポジショニング・マップを作成するにあたって、よく利用される軸の設定例を**図表3**に記載します。

　軸を選定するにあたって注意したいのは、価格帯のように客観的な指標で配置できる軸もあれば、作成者の主観に頼らざるを得ない軸もあることです。客観的な指標はマーケット・セグメンテーションの切り口である地理的変数や人口動態変数とも言い換えることができます。主観的指標は、マーケット・セグメンテーションの切り口である心理的変数・行動変数と言い換えることができます。

　エリア特性を整理する段階では、客観的な指標を軸としたポジショニング・マップの作成をすることをお勧めします。次の工程であるコンセプト設計は複数名の討議で行うことも多く、主観的な指標を使うことで関与者による解釈の違いを生み、自社や競合のポジショニングの認識に差異が生じてしまい、議論が十分にできない可能性があります。

　軸を設定した後は、**図表4**のように、競合をポジショニング・マップに配置していきます。主観的な指標を軸にした場合は、関与者のなかでの認識のずれが生じている可能性があるため、すり合わせの作業を行っていきます。客観的な指標を軸にしていても多少のずれは生じるため、

ホワイトボードや付箋を利用して、繰り返しポジショニング・マップの作り直しを行い、関係者が可能な限り納得できるポジショニング・マップを作成していきます。

図表3　ポジショニング・マップでよく利用される軸の設定例

No.	縦軸例	横軸例	説明
1	価格帯	1組当たり人数	・HP等からでも取りやすい最も基本的な軸 ・1組当たり人数は部屋タイプ等から推測 ・どんなエリアでも使いやすい
2	価格帯	ビジネス－観光	・ビジネスと観光を対局のものとして設定、部屋タイプや備品などから推測 ・ビジネスと観光が両立する都市圏などで有効
3	ターゲット年齢層	1組当たり人数	・設備やHP、口コミなどから推測して作成 ・観光地で団体・グループ・個人客が混合するエリアで有効
4	印象・雰囲気 (例：ラグジュアリー・スタイリッシュ)	ターゲット年齢層	・印象や雰囲気はホテル・旅館の内装や部屋の設備から設定 ・リゾートなど類似施設が多いエリアで有効
5	印象・雰囲気 (例：ラグジュアリー・スタイリッシュ)	1組当たり人数	・リゾートホテルとコンドミニアムなど部屋タイプやサービス提供方法が競合によってまちまちなエリアで有効

出所：山田コンサル作成

図表4　客観的な指標を用いたポジショニング・マップ

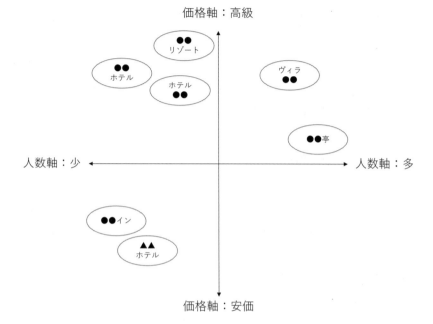

出所：山田コンサル作成

5．ポジショニング・マップへの自社ポジションのマッピング

　ポジショニング・マップを作成し、競合を配置した後に行うのは自社がどこに位置しているか、今後どこに位置したいかを検討していきます。競合のポジショニングをマッピングした時と同じように、コンセプト設計に複数人が関わっている場合は、参加者全員で共通認識を持てるように議論を重ねます。

　自社が今後どこのポジションに位置したいかを考える上で犯してしまいがちなのが、競合がいない領域に安易に位置することです。エリアには類似した消費特性を持つ顧客層が集まりますので、競合がいない領域はその地域においてニーズがない可能性が高いと言えます。例えば、工

業地帯の周辺では、観光客向けの高級旅館は存在せず、ビジネスホテルに需要が集中するといったように、「競合の特徴＝地域の特徴」となっています。

　上記の留意点を踏まえ、敢えて競合が多く需要が多いポジションを選ぶか、競合が少なく需要が少ないポジションを選ぶか、調査によって把握したエリアの需要特性とかけ合わせて検討していきます。

6．ポジショニングの細分化

　自社のポジショニングをマッピングした後は、競合との差別化をしていく必要があります。エリアの需要特性も加味してポジショニングをしているため、競合が全くいないということは考えにくく、激しい競争状態が想定されます。

　競合との差別化をしていくには、コンセプト設計が必要になります。競合と差別化するコンセプト設計において、もう一度ポジショニング・マップを利用します。

　この際には**図表4**の様に、最初に用いたポジショニング・マップの軸とは異なる軸で再度競合と館を配置します。軸は片方の軸のみ変更するのみでも構いません。異なる軸で再設定したポジショニング・マップにおいて、競合と差別化できているかを確認していきます。

　先に行ったポジショニング・マップでは、客観的な指標を用いた方が望ましいと述べましたが、差別化を考えるためのポジショニング・マップの作成では、少なくとも1つは感覚的、情緒的といった主観的な指標を用います。主観的な指標を用いることで、客観的な指標だけでは見えてこなかった差別化のポイントが見えてきます。

図表5　主観的な指標を用いたポジショニング・マップ

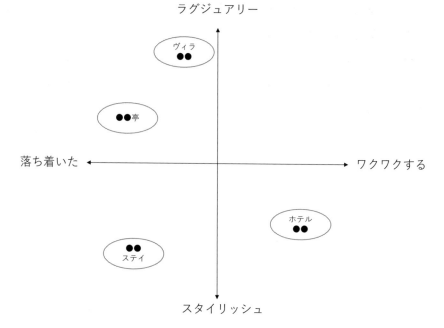

出所：山田コンサル作成

7．コンセプトの骨子策定

　ポジショニングの細分化ができたら、コンセプトの骨子を策定します。客観的な指標を中心に行ったポジショニング・マップと、主観的な指標を用いてより細分化したポジショニング・マップを用いて実施します。
　作成したポジショニング・マップをもとに、コンセプトとして使用したいキーワードを選出していき、関係者のなかでどのようなイメージを持つかアイディアを出し合います。イメージを膨らませるため、エリア特性が類似していると思われる他の観光地の施設を参考にすることもあ

ります。現存する事例を基にしながら関係者間で議論することにより、具体性のあるコンセプトワークが実施できます。
　また、策定に際しては、地域の文化や歴史を深く理解したうえでのストーリーテリングが重要であり、それをソフト面ではサービスに反映させ、ハード面では建築内装デザインのビジュアライゼーションに落とし込むこともポイントとなります。

13　投資を無駄にしないリニューアル

Q 収益力向上のためにリニューアルを予定しています。どのような投資をしたらよいでしょうか。また、投資を検討する上での注意点を教えてください。

POINT 宿泊業において、リニューアルは売上に直結する極めて重要な改善施策であり、定期的にリニューアル・改装を行わないと売上高は年を追うごとに減少していく可能性が高い。リニューアルは宿泊業にとって売上高を左右する重要な要素であるが、投資に割ける予算には限りがあり、十分な検討をした上で投資を行いたい。一般的には、業態や予算規模、過去の投資の状況、近隣競合の改装状況、費用対効果といった複合的な視点をもって投資の優先順位を決めていく。とりわけ、大浴場やロビーなどの共有設備の改装は館全体のRevPAR（販売可能な客室1室当たりの収益を表す指標）を向上させる効果があり、費用対効果の高いリニューアル・改装といえる。また、客室に投資する際には、広告塔となり得る部屋づくり、訳あり部屋の改装による口コミの底上げなど、目的や狙いを明確にして行うことが望ましい。

A

1．リニューアル・改装の目的・狙いの明確化

ホテル・旅館にとってリニューアル・改装は売上高を維持していくには必要な施策であり、やり方次第では起死回生の一手となることもあります。リニューアル・改装はホテル・旅館業において非常に重要な意味

を持つが故に経営者の方々は過度な期待を持ちがちです。リニューアル・改装さえ行えれば売上高が拡大すると考えてしまい、十分な検討をしないままに投資を行い、期待していたほどの効果が得られずに金融機関からの借入金だけが残ってしまったというケースは非常に多くあります。

そういったケースに陥らないようにするためには、自社が置かれている現状をしっかりと分析し、リニューアル・改装の目的・狙いを明確にし、可能であればOCC（Occupancy：客室稼働率）やADR（Average Daily Rate：客室単価）がどの程度変わる想定なのかまでシミュレーションを行った上で投資判断をしていくことが重要です。

自社が現在置かれている状況や投資の目的・狙いによって、行うべきリニューアル・改装の内容は異なります。例えば、OTA（オンライントラベルエージェント）の口コミ評価が低くOCCが上がらない場合においても、全体的に口コミ評価が低いのであれば全館改装を行うべきですが、特定の部屋の評判が悪く極端な低評価がつけられた結果口コミ評価が低くなっている場合には全館改装による効果は少なく、特定の部屋をピンポイントで改装する方がOCCを上げる効果が高くなります。他の例もあげると、OCCは高いがADRが上がってこないホテルにおいて、水回り設備の入れ替えの改装を行ったのでは顧客満足度が上がりOCCが更に上がることはあっても、ADRの向上にはつながりにくいということもあります。

自社の課題や近隣競合の設備投資状況を分析し、OCC・ADRどちらの改善を狙うものなのか、短期的に改善を狙うものなのかある程度時間をかけてもよいものなのか、OCC・ADRの向上を妨げている要因は何か、これらの点を定め、目的・狙いを明確にしておき、目的・狙いにあったリニューアル・改装のプランを練っていきます。

第3章　成長戦略編

2．目標指標の設定

　リニューアル・改装のプランが練れたら、どの程度OCCもしくはADRを向上できるか目標設定をします。その後、目標までOCCやADRが改善した場合、どの程度売上・利益に影響を与えるのかをシミュレーションします。リニューアル・改装を行ってOCC・ADRが改善し、売上高が増加しても、増加した売上高＝投資効果ではなく、売上高の増加に伴って増える費用を差し引いた利益増加額が投資効果になります。OCC・ADRともに売上高が上がればエージェントに支払う手数料分はコストが増加しますし、OCCに至ってはOCCが増える分だけ利用者が増えるのでリネン類のコストや食材原価といった変動費が増加しますので、これらを差し引いた後の利益増加額を計算し、投資金額を何年で回収できるのかを計算していきます。

3．全顧客に影響を与える共有部分改装

　改装となると客室部分の改装をまずは考える方が多いでしょう。客室はホテル・旅館の主製品・サービスであり、宿泊時の大半の時間を客室で過ごすため、重要度は最も高くなります。そのため、ホテル・旅館の改装となると客室改装がイメージされますが、一方で宿泊客は1回の宿泊で1つの客室にしか泊まれないため、改装を行った客室に泊った方のADRや満足度はあがっても、改装をしなかった部屋に泊った方のADRや満足度は上がらず、効果は限定的になってしまいます。

　全ての宿泊客のADRや満足度を上げていくには全客室を改装していく必要があり、客室の数が多いホテルでは投資金額が膨らみがちで、客室改装を行う際には客室の稼働をクローズするため、改装期間の売上高減少分の資金も実質的なコストとして発生します。

　メリットも大きい客室改装ではありますが、これらのデメリットも含

む客室改装はハイリスク・ハイリターンのリニューアル・改装施策と言えます。

　一方で、客室以外の共有部分の改装は、効果が多くの宿泊客に還元され、同じ面積の改装を行う前提では客室改装よりも低コストで抑えやすいというメリットがあり、ローコストミドルリターンのリニューアル・改装施策です。

　定期的に客室改装を行うのは当たり前となり、他社との差別化のために共有部分の改装を行うホテル・旅館も増えてきており、客室改装と同様に共有部分も時代に合わせたリニューアルが必要になっています。

4．客室改装の費用対効果を高める

　共用部分の改装をしながらも、客室の改装も行っていかなければ顧客満足度が落ち、集客力が低下していきます。客室改装を行う上でも気を付けたいのが、目的・狙いを定めた改装とすることです。前回の改装から一定の期間がたったので漠然綺麗にするだけの改装では、RevPARの改善にはつながりません。弱点の補強もしくはセールスポイントづくりのための改装など明確な目的・狙いを持って改装を行います。目的・狙いが明確になっていますので、改装した部屋の稼働率は向上したかなどの効果検証が容易になります。改装計画時も漠然としたものにならないのでより現実的な改装になります。

5．投資実施前のチェックポイント

　目的・狙いを持った改装になっているかどうかのチェックポイントは、改装した結果をホームページやOTAの自社ページに載せる説明文に記載できるか、ということです。例えば露天風呂付き客室新設、部屋面積〇〇㎡→〇〇〇㎡に増設などのように、改装により変更されたポイント

第3章　成長戦略編

を文字でわかりやすく表現できなければ、顧客には改装は認知されず、投資に対する効果が得られなく終わってしまう可能性が高くなります。

図表1　業態ごとの改装ポイント

主要業態	区分	改装のポイント
旅館	大浴場	露天風呂の内庭や通路など低コストで見栄えが大きく変えられる。
	家族風呂	個室露天風呂を増やせるのが理想。 内風呂でも浴槽の材質や雰囲気に特色を出すと良い。
	湯上り処	ベンチや自動販売機の設置、書籍の配置など低コストで実施可能。 ホームセンターで買える簀の子などの資材でも雰囲気が変えられる。
	カラオケルーム	使っていないカラオケルームはレク設備をおいてコンセプトルーム化。 日持ちする蒸留酒を置いたミニバーカウンターなども有効。
ビジネスホテル	朝食会場	テーブルや椅子の見直しだけでも印象が変わる。 ビジネス客中心であれば壁に向かった1人用のカウンターを用意するなどの工夫もできる。
	ロビー	ソファの新調や観葉植物の配置等、インテリアでも雰囲気が変えられる。
	フロント	第一印象を決めるため単純な綺麗改装でも効果がある。 自動チェックイン機もフロント人員の削減に効果がある。
シティホテル	宴会場	大宴会場を2つに分けて、小・中規模の宴会にも対応できるようにする。
	ロビー	過剰になった宴会場をロビーに変更することで、客室以外で過ごす時間を作り、満足度を上げる。

出所：山田コンサル作成

14 インバウンドの取り込みにおいて注意したい点

Q 今後回復が期待されるインバウンド需要を取り込むにあたっての注意点を教えてください。

POINT インバウンド需要は回復基調にあり、インバウンド需要の取り込みは、宿泊施設の成長戦略において有効である。インバウンドといっても旅行者の国籍や旅行の目的は多様であり、まずは地域への旅行者の特性把握から始める必要がある。インバウンド客に対応するにあたって、多言語対応はもちろん、予約時に利用するエージェントの違い等も把握しておくことが望ましい。本格的にインバウンドでの集客を狙っていくためには、生活文化の違いを認識した対応が求められる。特に旅館に多い1泊2食付きのスタイルはインバウンド客には馴染みが無く、客単価が低下するなど、国内客と同様のオペレーション体制では対応できない可能性がある。

A

1．訪日外国人観光客の増加への期待

　観光庁が掲げる「インバウンドの本格的な回復に向けた政策パッケージ」の推進や円安が追い風になり、訪日外国人観光客の宿泊需要は今後も成長が期待されます。インバウンドは国際情勢や感染症の蔓延など外部環境による影響を受けやすい特徴を持った市場でありリスクが高い市場とも言えますが、一方で、2019年には年間3,188万人もの観光客が日本を訪れており、今後も魅力的な市場であることには変わりありません。

第3章　成長戦略編

2．インバウンド客の調査・分析

　インバウンド全体で一括りにしてしまいがちですが、日本には毎年多種多様な国から旅行者がさまざまな目的を持って旅行にやってきます。**図表2**は2019年の国籍別訪日観光客数の構成を表しており、首位の中国で959万人30.1％、2位が韓国で558万人17.5％、次いで3位が台湾、4位が香港と東アジアの国々からの旅行者で70％を超えています。5位以下では、タイが6位、フィリピンが8位、マレーシアが9位とアジア圏からの国々が上位に入っており、アジア圏からの旅行者が多いことが特徴です。インバウンド客というとアジア圏、特に中国・韓国からの旅行客を想定する方々が多く、実際に多くの地域が同様の構成でインバウンド客が訪れます。

　しかしながら、地域によってはアメリカなどの英語圏からのインバウンド客は確保できるものの、アジア圏からの集客が振るわないなど、エリアによって集客できる国・地域が異なります。

　兵庫県姫路市は姫路城に代表される歴史的建造物が有名で、国内外の観光客から人気の観光地です。姫路市の2019年の外国人観光客対応者数は1位こそ台湾であるものの2位がフランス、3位がスペインとヨーロッパの国々が並び、4位はアメリカで5位がオーストラリアと英語圏の国が続きます。全国では中国や韓国、タイなどのアジア諸国からの外国人観光客が多く、姫路市は全国とは異なる構成をしています。

　アジア圏、特に東アジアの国々は日本に近い文化圏であることから、アジア圏のインバウンド客層は歴史的建造物よりも市街地でのショッピングや近代的な建造物への観光などを優先する傾向があり、歴史的建造物の魅力度で観光客を集客する姫路市とのミスマッチによる事象だと考えられます。また、姫路市は兵庫県に位置し、中国語圏のインバウンド客が神戸や大阪といった大都市圏に流れていることも想定されます。

図表1　兵庫県姫路市　2019年姫路市観光案内書（姫路観光なびポート）での外国人観光客対応者数

順位	国・地域	外国人観光客対応者数	
		人数	割合
1	台湾	2,352人	9.2%
2	フランス	2,008人	7.8%
3	スペイン	1,778人	6.9%
4	アメリカ	1,696人	6.6%
5	オーストラリア	1,424人	5.6%
6	中国	1,309人	5.1%
7	イタリア	981人	3.8%
8	ドイツ	893人	3.5%
9	台湾	892人	3.5%
10	イギリス	844人	3.3%
	その他	11,454人	44.7%
	合計	25,631人	

出所：兵庫県姫路市　「入込客数・感動動向調査」

図表2　2019年訪日外客数（JINTO推計値）

順位	国・地域	2019年訪日外客数	
1	中国	959万人	30.1%
2	韓国	558万人	17.5%
3	台湾	489万人	15.3%
4	香港	229万人	7.2%
5	米国	172万人	5.4%
6	タイ	132万人	4.1%
7	豪州	62万人	2.0%
8	フィリピン	61万人	1.9%
9	マレーシア	50万人	1.6%
10	ベトナム	50万人	1.6%
11	シンガポール	49万人	1.5%
12	英国	42万人	1.3%
13	インドネシア	41万人	1.3%

第3章　成長戦略編

順位	国・地域	2019年訪日外客数	
14	カナダ	38万人	1.2%
15	フランス	34万人	1.1%
16	ドイツ	24万人	0.7%
17	インド	18万人	0.6%
18	イタリア	16万人	0.5%
19	スペイン	13万人	0.4%
20	ロシア	12万人	0.4%
	その他	138万人	4.3%
	合計	3,188万人	

出所：日本政府観光局JINTO「2019年　訪日外客数」

　別の例も紹介します。沖縄県は中国語圏からの観光客が多い県です。2019年の調査ではインバウンド客のうち66.6％が中国語圏からの入込であり、全国平均と比較しても高い割合になっています。一方で、沖縄県への中国語圏からのインバウンド客には特徴があり対応には注意が必要です。沖縄県は2011年より数次査証（通称：マルチビザ）の発行をしており、ビザ取得後の1回目の旅行日程に沖縄を含む日程で旅行をすると、有効期限の3年間の間であれば、2回目以降は日本全国どこでも個人旅行ができる制度があります。数次査証に加え、沖縄は立地上でも中国から訪問がしやすいことから、数次査証の取得も目的としたクルーズ船でのツアーが組まれるようになりました。数次査証取得のための要件は沖縄で1泊以上をすることであるため1泊のみ沖縄で過ごす短期間での滞在になり、宿泊施設や観光施設ではあまり観光消費をせずに帰国するというケースが発生しました。もちろん長く滞在する中国語圏の観光客も多くいますが、単純な訪日者数から需要予測を立ててしまうと、ミスリードした戦略を立てることになってしまいます。

　姫路市や沖縄県の事例のように、単純な訪日外国人数のみで需要を見

込むのではなく、どの国・地域から来るのか、目的は何か、滞在日数や周辺観光施設のどこに訪問するのか、調査や分析を行った上で対策を練っていく必要があります。

図表3　沖縄県外国人観光客の動向2019年

順位	国・地域	入域観光客数	
		人数	構成比
1	台湾	940千人	32.1%
2	中国	754千人	25.7%
3	韓国	381千人	13.0%
4	香港	257千人	8.8%
	その他	599千人	20.4%
	合計	2,930千人	

出所：沖縄県文化スポーツ部観光政策課「入域観光客統計概況」

3．多言語対応

　インバウンド需要を取り込むにあたって、最低限対応しておかなければいけないのが言語対応です。ホームページ、館内の案内、食事のメニューなどホテル・旅館に関連する看板・案内板・印刷物の英語対応を行う必要があります。この際、エリアのインバウンド客の特徴を踏まえ、対応すべき言語を設定します。

　対応したい言語を話せる人材が確保できるのが理想的ですが、なかなか外国語対応ができる人材を確保するのは困難でしょう。まずはホームページや館内表示などの日本語表記での案内を外国語対応にしていくことから始めます。館内表示などの単語で説明ができるものであれば、独自に調べ言語対応をすることが可能です。また、簡単な文章であればインターネットの翻訳サービスを利用するなどしても良いでしょう。

パンフレットや食事の案内など、長い文章を扱う場合には翻訳の専門家への依頼を検討することをお勧めします。特に宿泊時の注意事項やキャンセルポリシー、アレルゲン表記などの食事に関わる注意書きに関しては、十分に検討をした上で作成をしていく必要があります。

食事のメニューや注意書きや館内の説明は変更になることがあり、頻繁に更新が必要となる場合があります。日本語対応のみであれば従業員による口頭説明で補足できますが、口頭で説明ができない外国語対応については印刷物や看板を常に更新する必要があり、都度手間がかかります。タブレット端末を客室や食事処に配置し、ホームページ用に館内説明を作っておくなどし、データの更新のみで対応するなど、更新まで含めた対応方法を決めておくと、継続的な対応が可能です。

4．エージェントの違い

海外からの集客を考える上では、エージェントとの付き合い方も国内とは違った対応が必要です。日本国内と同様に旅行代理店とOTAの2つのルートが主な集客ルートであり、個人旅行はOTAが主流である点は日本国内と同じです。

旅行代理店からの集客は、日本に本社を置く旅行代理店を通しての集客、外国現地の旅行代理店からの集客があります。本格的に集客を目指すのであれば、ターゲットとする国・地域を定め、現地の旅行代理店との取引を検討します。日本にオフィスや出張ベースで来ている代理店であれば日本国内で連絡をとりますが、積極的にインバウンドを狙うホテル・旅館では現地に営業員を派遣し、代理店に対する営業まで行います。国内旅行と違い、海外旅行では旅行代理店を利用するケースがまだまだ多いことから、自社の人員体制とインバウンド売上の割合等を踏まえてどこまで旅行代理店営業に力を入れるかは決めておく必要があります。

近年では、旅行代理店を通したパック旅行から、個人で予約を手配する個人旅行も増え、インバウンド客がOTAを通して国内のホテル・旅館を予約するケースも増えてきました。国内旅行では日本国内のOTAが利用されることが多いですが、日本国内のOTAは独自の進化をしており、海外からのインバウンド客が国内OTAを利用することは稀です。

　個人予約のインバウンド客は海外OTAを利用してホテル・旅館の予約をしていきますので、海外OTAとの契約を結ぶ必要があります。日本の国内OTAでは、ビジネスホテルに強いOTAや高級ホテル・旅館に強いOTAなど、業態ごとでOTAが使い分けられる傾向がありますが、海外OTAにおいては業態ごとでOTAを選ぶよりも、対象とする地域・エリアによって強いOTAが異なりますので、ターゲットとする国・地域に対して言語対応をしているか、利用率が高いかで契約をするOTAを選択していく必要があります。

　海外OTAとの契約の際に契約内容はもちろん確認していただきたいですが、その際に認識しておいていただきたいのがOTAに支払う手数料です。日本国内のOTAと比較してやや高め（1～3％程度）に設定されていることが多く、損益の見通しを立てていく際には注意が必要です。

　また、国内OTAは貸切露天風呂の有無や設備面での詳細な絞り込み検索が可能ですが、海外OTAは日程と同行者人数といったシンプルな検索条件しか設定できないことが多いため、こだわりの設備やセールスポイントが売り込みにくい特徴もあります。写真や部屋、設備の説明も決まったフォーマットでの説明が求められ、日本国内のOTAよりも自由度が低いため、この点でもこだわりのある温泉宿や絶景や独自の設備を売りにしているリゾートホテルでは差別化がしにくい仕様になっています。国内OTAとは写真の見せ方やメッセージ表現の工夫など独自の

運用方法を検討していくことが有効です。

5．インバウンド客向け設備の変更

　海外と日本の文化の違いから、インバウンド客に合わせた設備の変更や投資が発生することがあります。リゾートホテルやビジネスホテルであれば類似した業態が海外にもあるため、大きな設備投資は必要ありませんが、日本独自の業態である旅館はインバウンド需要を取り込む上では注意が必要です。

　大浴場の文化がない国・地域も多いため、大浴場への入り方がわからない方がおり、部屋に備え付けのバスタオルを持たずに大浴場に行ってしまう方や汚れた体のまま浴槽に浸かってしまう方などがおられ、本人が困ってしまうことや他の顧客にも迷惑をかけることが発生します。そういった方々のために大浴場の入り方の説明や大浴場へのバスタオルの設置といったオペレーション面での対応をすることに加え、貸切風呂や露天風呂付客室といった周囲の客を意識せずに温泉を楽しめる設備を設置すると差別化ができます。

　また布団を床に敷いて寝ることに抵抗がある方もいるので、ベッドを備え付けた部屋の設置も検討した方がよいでしょう。洋室を用意する旅館もありますが、和のテイストを残しながら、ベッドを設置する改装も増えています。

6．インバウンド向けのオペレーション対応

　インバウンド向けの対応をしていくにあたってはオペレーションも国内客向けのものとは違う対応が必要になります。

　インバウンド客にとって海外旅行となるため、日本人が海外旅行をする際と同じような特徴があります。予約が国内客よりも先行しやすい、

連泊となることが多い、春節などの各国の休日にあった時期での予約が多いといった特徴があります。特に、ターゲットとする国・地域の連休は抑えておくことでADRの最大化が狙えます。

　日本とは違う文化を持っているため、ホテル・旅館に求める機能も異なります。ホテルは海外と大きく形式が変わらないですが、旅館は日本独自の業態であるため、特に注意が必要です。海外のホテルでは食事は外で済ませることが多いため、日本の旅館の朝夕2食付きのプランに馴染みがなく、素泊まりか朝食のみを付けるプランの利用者が多くなります。連泊の場合でも1泊目は旅館で食べるが2泊目は外で食事をするなどのプランにすることが多く、臨機応変なプラン設計が必要になります。

　旅館では、宿泊客が食事処で食事をしている間に客室に布団を敷くことが多いですが、夕食を食べないプランでは布団を敷くタイミングがないため、チェックイン後の客室案内時に既に布団を敷いておく必要があり、通常とオペレーションのタイミングが異なるため、人員配置には注意が必要です。

　温泉街では、ホテル・旅館で夕食を食べる方が多いため、外で食事をする場所がない場合があります。インバウンド客は温泉街に食事処が少ないことを知らずに素泊まりプランで予約をしていることがあるため、送迎バスを使って近隣の外食店への送迎をすると満足度が上がります。

第3章　成長戦略編

成長戦略編チェックシート

☐ 宿泊業は装置産業であり、館の大きさや立地で売上の最大規模が決まる。単館での成長には限りがあるため、量的成長をするためには①他業種への展開による拡大、②エリアの拡大のいずれか、もしくは①と②の組み合わせでの拡大をしていく3つの方向性がある。

☐ 宿泊業の量的成長には次の4つの道筋（型）がある。①地域事業展開型、②観光開発型、③複数業態展開型、④単一業態展開型である。それぞれの型においてKSF（重要成功要因）が異なるので留意が必要である。

☐ 宿泊業は立地するエリアの特性に強く影響を受ける事業である。そのため立地エリアに来る客層を把握し、周辺の観光施設や出張需要が見込まれる工場の有無、立地エリアの既存の競合の特徴など、エリア・マーケティングが極めて重要である。

☐ モノ消費からコト消費への価値感の変化を受けて、価値ポジショニング・マップの細分化においては情趣的な指標が差別化のポイントとなる。

☐ 何を目的・狙いとしたリニューアル・改装であるかを明確にし、目標とする指標がわかりやすく、投資後の検証ができる投資を行っていくことが効果的である。リニューアル・改装による変更が宿泊客の目に留まりやすいものになっているかを意識すると良い。

☐ インバウンド全体で一括りにせず、地域のインバウンド客の特性を把握しておくことが必要である。インバウンド客の特性に応じた言語対応やエージェント対応、文化の違いへの対応を行う。

コラム

サービスの独自性の検証・検討

　宿泊業における提供価値の独自性を検証・検討する際には、アーカーのベネフィット3分類と狩野モデルを活用してサービスを分類し、独自性の要素を明確にすることが有効です。また、現代の消費者のモノ消費からコト消費への価値観の変化に対応するため、情緒的ベネフィットや自己表現ベネフィットを重視する必要があります。さらに、提供するサービスや体験が一貫したコンセプトに基づいていることが、ブランドの信頼性と顧客満足度を高める鍵となります。

1．サービスの分類・整理

① 　アーカーのベネフィット3分類による整理

　アーカーは、顧客が商品やサービスから得られる価値を「機能的ベネフィット」「情緒的ベネフィット」「自己表現ベネフィット」の3つに分類しています。この分類は、顧客がどのような理由で商品やサービスを選ぶのかを理解するために役立ちます。特に、情緒的ベネフィットと自己表現ベネフィットは、顧客に対して深い感情的なつながりを提供し、ブランドロイヤリティを高める効果があります。図表1はアーカーのベネフィット3分類の内容と宿泊業における例を示しています。

第3章 成長戦略編

図表1　アーカーのベネフィット3分類と宿泊業における例

ベネフィット3分類	内容
1　機能的ベネフィット	・商品やサービスが提供する具体的な「機能や特徴」。これにより、顧客は実際の問題を解決したり、特定のニーズを満たすことができます。 ・例えば、清潔な部屋、快適なベッド、無料Wi-Fiなど。
2　情緒的ベネフィット	・商品やサービスを利用することで得られる「感情的な満足感」。これにより、顧客は安心感や幸福感を感じることができます。 ・例えば、親切なスタッフ、リラックスできる環境、季節ごとのイベントなど。
3　自己表現ベネフィット	・商品やサービスを利用することができる「自己表現」。これにより、顧客は自分の価値観やライフスタイルを表現・実現することができます。 ・例えば、高級感のあるデザイン、エコフレンドリーな施設、独自のブランドイメージなど。

出所：『デービット・アーカー（2014）「ブランド論」ダイヤモンド社』を参考に山田コンサル作成

② 狩野モデルによる整理

　狩野モデルは、顧客満足度に基づいて商品やサービスの品質を「当たり前品質」「一元的品質」「魅力的品質」「無関心品質」「逆品質」の5つに分類します。このモデルは、どの要素が顧客満足度にどのように影響するかを理解するために役立ちます。本コラムでは「当たり前品質」「一元的品質」「魅力的品質」について取り上げます。この分類と宿泊業における例は図表2の通りです。

　狩野モデルは、顧客満足度を向上させるためにどの品質に注力すべきかを明確にできます。「当たり前品質」は基本的な要件を満たすために必要ですが、独自性を図るためには「一元的品質」や「魅力的品質」に注力することが重要です。

図表2　狩野モデルと宿泊業における例

品質の分類	内容
1　当たり前品質	・顧客が当然期待する基本的な品質。これが欠けると不満が生じますが、提供されても特別な満足感は得られません。 ・例えば、清潔な部屋、快適なベッド、24時間対応フロントなど。
2　一元的品質	・提供されると満足度が上がるが、欠けても不満にはならない品質。これにより、顧客の満足度が直接向上します。 ・例えば、無料Wi-Fi、受付時のアイスタオル、高級感のあるデザインなど。
3　魅力的品質	・顧客が期待していなかったが、提供されると非常に満足する品質。これにより、顧客は予想外の喜びを感じます。 ・例えば、充実したアメニティ、サプライズギフト、リムジンでの送迎、文化体験プログラム、独自のブランドイメージなど。

出所：『狩野紀昭、瀬楽信彦、高橋文夫、辻新（1984）「魅力的品質と当たり前品質」日本品質管理学会『品質』14(2)：39-48.』を参考に山田コンサル作成

2．マッピングによる独自性の要素の明確化とその追求

　アーカーのベネフィット3分類と狩野モデルにより提供しているサービスをマッピングします。提供しているサービスを整理し、どのサービスが独自性の要素となり得るかを明確にすることができます。

　例えば、図表3のように整理することで、注力すべきサービスについて社内関係者の共通認識が得られます。特に、「情緒的ベネフィット×魅力的品質」「自己表現ベネフィット×魅力的品質」に分類される要素に注力することで、競合との差別化を図り独自性を追求することが可能です。

　なお、同じサービスでも、どの品質区分に分類されるかは、想定する顧客像、競合のサービス状況により異なります。想定する顧客像、競合のサービス状況を踏まえて、分類する必要がある点にご留

意ください。

図表3　マッピングによる独自性要素の明確化（例）

	当たり前品質	一元的品質	魅力的品質
機能的ベネフィット	・清潔な部屋 ・快適なベッド ・エアコン/暖房 ・24時間対応フロント	・無料Wi-Fi ・最寄り駅までの送迎 ・ルームサービス ・ランドリーサービス ・ミニバー	・充実したアメニティ
情緒的ベネフィット	・親切なスタッフ ・リラックスできる環境	・受付時のアイスタオル ・風呂上がりのアイスやドリンク	・サプライズギフト ・季節ごとのイベントなど特別な体験
自己表現ベネフィット		・高級感のあるデザイン ・エコフレンドリーな施設 ・オーガニック・ヘルシーな食事のオプション	・地元アーティストとのコラボレーション ・リムジンでの送迎 ・文化体験プログラム ・独自のブランドイメージ

出所：山田コンサル作成

3．独自性につながる新たなサービスの検討

　図表3で記載されていない独自性につながる新たなサービスを検討します。例えば、図表3のケースでは次のようなサービスが考えられます。

① デジタル体験の強化
　・スマートチェックイン及びチェックアウトシステムの導入
　・客室内でのデジタルコンシェルジュサービス
② ウェルネスプログラム
　・ヨガやフィットネスプログラムの提供
　・スパやリラクゼーション施設の充実
③ 地域との連携

・地元の食材を使ったレストランメニューの提供
・地元のアーティストや職人とのコラボレーションイベント

4．ブランドコンセプトとサービスの一貫性

　独自性につながるサービスを検討する際に、最も留意する点は提供するサービスや体験が一貫したブランドコンセプトに基づいているかどうかです。施設デザインだけでなくサービスも含めた一貫した体験がブランドの信頼性と顧客満足度を高める鍵となります。ブランドコンセプトと一貫したサービスを提供するためには、ブランドコンセプトに基づいた行動指針を明確にして社内に浸透させる必要があります。行動指針を含む中期事業計画の策定とその内容の社内浸透の取り組みがブランドコンセプトとサービスの一貫性を保つために非常に有効と考えます。なお、中期事業計画の策定については第4章をご参考ください。

第4章

経営管理編

15 業績管理の要諦

Q 宿泊施設の業績管理の重要なポイントを教えてください。

POINT 宿泊業特有の業績管理指標の算出方法を理解し、施設形態によって異なるベンチマークを把握しておくことが大切。具体的には、GOPとDOPを理解する必要がある。ベンチマークと自施設のパフォーマンスを比較することで、自施設の状況を客観的に評価できるようになる。また総合型施設においては宿泊売上だけでなく、レストラン売上、宴会売上、婚礼売上など、その他の売上も計上されることから、部門別の収支管理が求められる。

A

業績管理の一丁目一番地は、自施設の状況を客観的に評価するために宿泊業特有の管理会計を理解することが重要です。

1．施設運営の重要業績指標であるGOP

宿泊施設は運営の力量によって不動産の収益性が変動する特異な不動産です。そのため他の不動産と比較して、期中の業績管理が必要です。本節では、業績管理時に見るべき指標について解説します。

ホテル業において必ずチェックするべき指標、つまり重要業績指標はGOP（gross operating profit）です。日本語で表現すると運営利益のことであり、運営の成果を測る指標です。GOPは、売上高から売上原価、販管費を控除した後、不動産を保有することでかかる各経費、ホテル運営会社への運営委託費を控除する前の利益となり、財務会計上の営業利

益と異なる点に注意が必要です。なお、不動産を保有することで発生する主な経費は、減価償却費、固定資産税、地代・賃料、火災・地震保険料が挙げられます。

図表1　GOPの算出方法

宿泊部門売上	（＋）
料飲部門売上	（＋）
その他売上	（＋）
総売上高	
直接経費	（－）
DOP（収益部門の部門利益）	
間接経費	（－）
GOP（運営利益）	
不動産保有経費	（－）
運営委託費	（－）
営業利益	

出所：山田コンサル作成

　またベンチマークと比較して自社のGOPを評価する際には、対売上高GOP比率（GOPマージン）を確認し、施設の運営責任者は、GOPマージンを最大化するべく、売上向上策や費用の適正化を実行する必要があります。なお、期待されるGOPマージンは施設形態によって異なり、総合型施設においては25～30％程度、機能特化型施設においては45％～50％程度が目安となります。その理由としては一般的に客室販売の利益率が最も高いことにあり、そのため、宿泊売上の比率が高い機能特化型施設のGOPマージンは高くなります。

２．部門別の重要業績指標であるDOP

　総合型施設においてチェックするべき指標としてDOP（department operating profit）が挙げられます。日本語で表現すると部門別の運営利益のことであり、各部門の運営の成果を測る指標です。各部門の責任者は、DOPマージンの最大化を意識することが求められます。第１章の概論編にも記載の通り、総合型施設は収益部門と非収益部門に分けられるため、DOPは収益部門の部門別利益を把握する指標となります。

　DOPは、各部門の売上高から売上原価、直接人件費、直接その他経費を控除して算出します。

　例えば宿泊部門においては、売上原価の主な内容として、客室で提供する飲食物（スナック菓子類や各種ドリンク）の費用、直接人件費の主な内容としては、フロントスタッフや清掃スタッフの人件費・外注費、直接その他経費の主な内容としては、客室販売にかかる代理店への手数料や客室備品・消耗品・アメニティ類の費用が挙げられます。

　次に料飲部門については、売上原価の主な内容として、料理材料費、飲物材料費、直接人件費の主な内容としては、厨房の料理人や配膳スタッフ、営業スタッフの人件費・外注費、直接その他経費の主な内容としては、会場の演出や設営にかかる各種費用やカトラリーやスタッフの衣装類の費用が挙げられます。最後に、その他の収益部門としてギフトショップ等の外販部門、スパやエステ等のサービスを提供するスパ部門が挙げられますが、ここでは主に商品原価やスタッフの人件費が計上されます。

　DOPも前述のGOPと同様に対部門売上高の比率を算出して、各部門の収益力を定量的に把握することが必要であり、期待される水準は部門によって異なります。まず宿泊部門においては60～65％程度が目安となります。次に料飲部門については、レストラン部門、宴会部門、婚礼部

門に分けられ、それぞれ求められるDOPの水準は異なります。レストラン部門は25～30％程度、宴会部門は30～35％程度、婚礼部門は15～20％程度が目安となります。その背景には、各部門でオペレーションの方法の違いがあります。例えば婚礼披露宴は、一般的には、全員着座式かつコース料理の個別提供といった画一的な運営方式がとられますが、宴会の運営はさまざまな方式があり、法人による食事を伴わない会議利用、軽食のみの提供による立食パーティー、着座式でもお料理は自身で取りに行くビュッフェスタイル、円卓を囲んで大皿による料理提供により顧客自身で料理を取り分ける形式等、施設側の運営負担が少なく利益率が高くなる傾向にあります。

3．非収益部門と非配賦費用について

　非収益部門とは施設の売上高に直結しない部門ですが、各収益部門の売上や利益を最大化するためにサポートをする部門です。企画・営業部門や施設管理部門、総務部門が挙げられます。各部門では売上は計上されないため、収益部門のようなDOPマージンの目安はなく、各部門に配賦されない間接費用、つまり非配賦費用のみが発生します。

　非配賦費用は、主に一般管理費、営業・マーケティング費、施設管理費・エネルギー関連費に分類されます。一般管理費の主な内容としては、経営陣や総支配人、総務関係の業務に関与する従業員の人件費、IT関連の保守費用、クレジットカード等の手数料が挙げられます。営業・マーケティング費の主な内容としては、その業務に関与する従業員の人件費、広告宣伝費・販促費等が挙げられます。施設管理費・エネルギー関連費の主な内容としては、その業務に関与する従業員の人件費のほか、修繕・メンテナンス費、水道・電気・ガス等の費用が挙げられます。

　施設の運営利益であるGOPを算出する際、部門利益から非配賦費用

を差し引いて算出します。理論上、非配賦費用を抑えることでGOPを最大化することが可能ですが、広告宣伝費・販促費や修繕・メンテナンス費を無秩序に削減することは、顧客の離反やサービスの質の低下につながるため、施設の運営責任者は適切にコントロールすることが求められます。

図表2　部門別の対売上高比率のイメージ

		宿泊部門	料飲部門 レストラン	宴会	婚礼	その他	全体
売上		100%	100%	100%	100%	100%	100%
直接費	売上原価	0%	29%	25%	31%	60%	17%
	人件費	20%	29%	28%	31%	20%	25%
	その他経費	15%	12%	12%	18%	0%	14%
DOP		65%	30%	35%	20%	20%	45%
間接費	一般管理費						5%
	営業・マーケティング費	非配賦費用					3%
	施設管理・エネルギー関連費						8%
GOP							30%
	不動産保有経費	GOP外の費用					10%
	運営委託費						5%
営業利益							15%

出所：山田コンサル作成

16 中期事業計画策定のポイント

Q 中期事業計画策定時に押さえておくべきポイントを教えてください。

POINT 中期事業計画は経営の羅針盤である。会社・施設としての望ましい未来やあるべき姿を定義し、それを実現するために、バックキャスト思考で策定する。宿泊業では、まずは定量・行動目標を設定して、そのうえで具体的な数値計画や行動計画にまで落とし込むことが一般的である。また、会社全体および各部門別の運営数値目標やハード・ソフト両面の投資のプラン、顧客に提供する付加価値、それを実現するための具体的なアクションプランを検討することが重要である。加えて、計画の進捗を定期的にチェックし、必要に応じて軌道修正を行うことも重要である。更に宿泊業では、近年、外国人従業員も増加しているため、計画やアクションプランを実行・推進するためには外国人従業員がそれらの内容を理解できるようにする工夫が求められる。

A

1．中期事業計画策定の意義

　一般的に中期事業計画策定の意義は大きく3つあります。1つ目は自社の向かう方向性や戦略を明確にすること、2つ目はリソースを効果的に配分する指針を示すこと、3つ目は各ステークホルダーとのコミュニケーションツールになることです。

　1つ目について、宿泊業においては自施設が長期的にどのような施設

になりたいのかを定義することから始まり、ミッション・ビジョンを定めます。宿泊事業を通じて社会に与えたい影響や役割、更にどのような価値を顧客に提供したいのかを言語化します。また併せて、ミッション・ビジョンを実現するための戦略を策定します。戦略を策定する際には、市場環境の見通しや消費者のニーズ、競合施設の動向、自施設のハード面、ソフト面それぞれの強み・弱みを踏まえ、何をより強化するのか、または改善するのか、骨子を検討します。より効果的な戦略を考案するためには、「我々はどこへ向かっていくのか」という目的地を明確にすることが重要です。

　2つ目について、前述した戦略を遂行するための資源の割り当てについて指針を記載します。資源とは主に、資金、人材、時間が挙げられます。例えば、訪日外国人観光客の宿泊需要が継続的に伸びているという市場環境の事実から、今後も市場の成長性が期待できるという仮説を立てたとします。地域の競合施設を調査したところ、他施設はシングルルームの提供がメインの為、自社では訪日客に好まれニーズがある、同じ部屋にグループ（複数人数）で宿泊可能な客室にリノベーションをするという戦略の骨子を策定しました。自社の資金体力を踏まえ、リノベーションやプロモーションにどの程度の資金配分をするか、そのプロジェクトの実行・推進と受入対応を実現するために、どの程度の人員を割くか、またこのプロジェクトにどの程度の準備時間を用意して、いつから新しい客室を販売できるようにするかを計画内で示します。会社の資源は有限であり、戦略を実行するためには優先付けや段取りを整えます。これが行動計画です。

　3つ目について、自社の戦略や方針を各ステークホルダーに理解してもらい、協力を仰ぎながら推進するために、事業計画を活用します。主なステークホルダーとして、利用客や地域のサプライヤー、資金面での

支援者となる株主や金融機関、自社で働く従業員も含まれます。計画の内容を事業計画書として資料にまとめてプレゼンテーションを実施して理解を深めてもらいます。計画に記載している内容を実行することで、各ステークホルダーにどのような便益が提供できるのかを分かりやすく示すことがポイントになります。

図表1　中期事業計画策定の意義

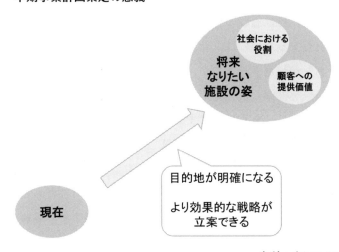

出所：山田コンサル作成

2．目標の設定方法

　中期事業計画に含める目標について、2つの要素があります。それが定量目標と行動目標です。それらの目標を達成するための具体的な内容が数値計画、行動計画になります。

⑴　定量目標設定と数値計画

　定量目標の設定方法として、必要フリーキャッシュフローを基準にし

ます。フリーキャッシュフローとは、会社が期中に生み出した自由に使える資金のことであり、施設の運営活動によって得た資金（営業キャッシュフロー）から、施設の維持や運営力の強化に必要な先行投資（投資キャッシュフロー）を差し引いて算出します。なお必要なフリーキャッシュフローの定義は、主に2つの観点で設定します。

1つ目は、自社が目指している姿を実現するために必要な資金規模から逆算して設定する手法です。例えば、目指している姿が売上拡大戦略であり、市場に自社施設の客室供給量を向上させる戦術だとします。その戦術を実行するためには、新規施設を建築する、他施設を買収する等のオプションが想定されますが、それぞれのプランを実行するために必要な資金規模を把握したうえで、逆算式で期中に生み出すべき必要フリーキャッシュフローを算出します。

2つ目は、債務の償還年限から逆算して設定する方法です。装置産業である宿泊業は、外部からの資金調達により設備投資が先行的に行われ、それを長期にわたって回収していくビジネスです。外部から資金を調達する際には、償還年限（返済期限）が設けられています。施設の運営活動によって生み出されるフリーキャッシュフローから、その期日までに返済する資金をねん出するため、期中に生み出すべき必要フリーキャッシュフローは自ずと算出され、結果的にそれが予算の目安になります。なお、このなかには、株主に対する配当政策や自社の資本政策も含まれます。

定量目標を具体的に示したものが数値計画です。はじめに、目標を達成するために必要な売上水準、費用水準を設定します。次に、各水準が定まったのち、それを勘定科目レベルの数値にまでブレイクダウンし、さらに因数分解を行います。例えば客室売上高は、期中の販売可能客室数×RevPARとなり、RevPARは客室稼働率×客室平均単価に、客室平

均単価は1人当たり単価×1部屋当たり宿泊人数に分解できます。費用についても同様です。例えば原価は、食材原価＋飲材原価であり、さらに分解すると喫食数×1人当たり原価となります。このように分解して策定することで、計画の解像度が高まり、さらにKPI（Key Performance Indicator）の設定が容易になります。KPIとは重要業績指標のことであり、目標を達成するために設定される変数の指標で、行動目標・計画の策定や、その進捗を評価する際の基準となります。なお指標についての詳細は、第3章成長戦略編も参照してください。

(2) 行動目標設定と行動計画

　設定した定量目標を達成するために、具体的に「何をするのか」を定めたものが行動目標であり、それを明文化したものが行動計画です。数値計画だけでは単なる予算書にしかすぎず、目標を達成するための具体的なアクションを示すことが重要であり、その内容は、定量目標や数値計画との一貫性・連続性が求められます。

　例えば数値計画で、客室平均単価を向上させるために1人当たり単価を5％増加させるという定量目標が立てられたとします。この目標を達成するためには、主に、新商品の開発・新宿泊プランの造成、ブランディング・マーケティングの実施、販売チャネルの確保、受入・オペレーション体制の構築など、詳細な行動ステップを踏む必要があります。各ステップを、「いつまでに」「誰が」「どのように」「どの程度の費用で」実行していくのかを明示します。なお、実際の現場では、限られた経営資源で複数の行動計画を遂行することになります。そのため、最も効率良く目標達成に近づくべく、行動計画に優先順位を設定します。優先順位は、保有している人材や資金等のリソースや、発生が想定されるリスクの影響度や許容度を考慮しながら設定します。

3．計画策定後のモニタリング

　モニタリングは目標達成に不可欠です。策定した計画が効果的に実行されているかどうかを確認し、必要に応じて軌道修正を行うことで、計画の成功確率を高めます。

　一般的なモニタリングの手法としてPDCAサイクルが挙げられます。PDCAサイクルとは、目標達成状況の確認や課題の早期発見を図るために、Plan（計画）、Do（実行）、Check（評価）、Act（改善）の4つのステップを反復することです。事業の成功のためには、達成すべき共通の目標に向けて、個々では実現できないことを組織化し、各メンバーが主体性を持って活動することが求められますが、これを実現するために有効な手法と言えます。

　ただ近年は、外国人従業員が急増している宿泊業において、Do（実行）フェーズで膠着してしまう会社が散見されます。多くは、文化の違いや言語の壁により、現場の従業員の行動レベルまでの落とし込みができないことに起因しています。その解決策として、多言語対応マニュアルや映像学習デジタルツールを用意し、従業員内でのコミュニティ形成を目的として国籍別のローカルリーダーを任命する等の取り組みが挙げられます。例えば、ゲストの滞在満足度の向上を目的として、ハウスキーピング業務のプロセスの見直しを行動計画で掲げたとします。このような属人的な業務は均質化が難しいため、映像学習や多言語に対応したマニュアル活用が必須です。また、各従業員が自国の言語で気軽に業務上の質問や悩み事を相談できる環境を整えることも有効です。

　宿泊業は今後も外国人労働者を活用する機会の増加が想定されます。経営陣が執行の現場を理解しながら、立案したプランが計画倒れにならないように行動計画を推進していくことが求められます。

図表2　中期事業計画の3つの効果とポイント

中期事業計画の3つの効果	宿泊業において中期事業計画をより効果的にするためのポイント
1　目的地（なりたい姿）と戦略の明確化	■ 価値観変化への対応（モノ消費からコト消費への対応） 　消費者の価値観の変化をとらえて、提供価値の独自性を明確にする ■ ブランド強化（KSF：重要成功要因） 　施設の滞在コンセプトを定義して、それを消費者に認知してもらう（＝アウターブランディング） ■ 規模の拡大 　成長戦略の明確化（「業態×エリア」マトリックスに基づき明確にする）
2　リソースの効果的な配分	■ 事業特性（装置産業かつ労働集約型産業） 　建物、設備、人的資本への投資・還元方針を明確にする ■ 人口減少への対応、技術進化への対応 　対人による業務（コア業務）と省人化可能な業務（ノンコア業務）とを見極めて、人員を配置する
3　ステークホルダーとのコミュニケーション	■ ブランド強化（KSF：重要成功要因） 　自社が顧客に提供する価値を言語化して、従業員と共有したうえでサービスに落とし込み具現化する（＝インナーブランディング） ■ 組織能力の向上（具体的な業績向上施策の遂行） 　外国人労働者も含め、現場が理解して実行できる工夫をする

出所：山田コンサル作成

17 宿泊業における最重要指標RevPARの取り扱い

Q 宿泊業において注目すべき指標を教えてください。

POINT 宿泊業の収益力を見る上で最も使用される指標はRevPAR(販売可能な客室1室当たり客室売上)である。RevPARは客室平均稼働率×客室平均単価(ADR)に分解される。稼働室数は、更に、販売日数×客室平均稼働率(OCC)に分解できる。販売可能日数はコントロールできないため、ADRとOCCの向上がRevPAR向上には必要である。ADRとOCCは片方が上がれば片方が落ちる性質があり、トレードオフの関係にある。そのため、ADRとOCCのバランスを見ながら施策を実行し、RevPARの最大化を図ることが求められる。

A

1．RevPARの意味と構成

　ホテル・旅館業界でその館の実力を見る上で重要とされる指標にRevPAR(販売可能な客室1室当たり客室売上)があります。一口にホテル・旅館業といっても、薄利多売で高稼働率を狙うホテルもあれば、特定の曜日しか入らないが高単価が狙える高級温泉旅館など多種多様なビジネスモデルが存在するため、稼働率と単価を複合的に見ることができる指標としてRevPARが利用されます。RevPARは客室平均稼働率(OCC)×客室平均単価(ADR)によって構成されます。

第4章　経営管理編

図表1　RevPARの数式

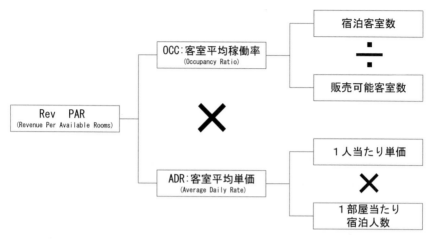

出所：山田コンサル作成

2．ADRとOCCはトレードオフ

　RevPARはADRとOCCで構成されますが、この2つの指標はトレードオフの関係にあります。需要と供給の原理が関わっています。ADRを向上させようとすると需要が減少しOCCが低下、OCCを向上させようとするにはより需要を増やすためADRを低下させるという動きが発生します。競合が撤退するなどの市場環境に変化があった場合などの例外はもちろんあるものの、基本の原理原則は、ADR向上を目指せばOCCは減少し、OCC向上を目指せばADRは低下します。この関係性を理解し、需要と供給の均衡が取れる最適なOCC・ADRを見つけていくことがRevPAR向上には必要です。

　このことを理解せずに、OCCもしくはADR片方の指標にばかり着目をしてしまい、結果的にRevPARを低下させてしまうケースは多くあります。

特に注意したいのが過度なOCC向上を狙った値下げ施策の乱用です。ADRの向上施策を行うと旅行客が認知するまでに時間がかかるため乱用するケースは少ないのですが、OCC向上のための値下げ施策は即効性が高くすぐにOCCに反映されるため、わかりやすい施策の効果を求めてOCCを乱発してしまうことが生じます。

OCCに過度に偏重した運営によって生じる問題は、ADRの低下だけでなく、高稼働によりサービス水準が低下することによる顧客離れです。OCCが比較的高い業態であるビジネスホテルにおいても、年間の平均稼働率は90％台前半程度であり、それ以上になると平日・休日含めて常に満室状態になります。こういった状況では、フロントや清掃部門の人手不足やトラブル発生時に代替の部屋を提供できないといった問題が生じます。結果的にサービスの品質が低下し、顧客満足度が低下、顧客離れにつながります。

客室数の少ない旅館では、OCCに偏重しすぎないよう慎重な運営を行う必要があります。客室にトラブルなどがありクレームを受けた際、代替の客室を用意することでクレーム対応をすることがありますが、その際に用意する客室は変更前の客室と同等かグレードが高い客室を用意するのが一般的です。そのため、旅館においてグレードが高い部屋の稼働を空けておき、急なトラブルへの対応のための予備部屋によって稼働率は必然的に抑えられてしまいます。また、旅館は客室数が少ないことが多く、客室数の多いビジネスホテルやシティホテルと比較して、1室の予備部屋による空室がOCCに与える影響は大きくなります。

3．RevPAR改善の基本、レベニューマネジメント

RevPAR改善のためにまず行うべきは、レベニューマネジメントです。レベニューマネジメントとは、季節や曜日によって増減する顧客の需要

に応じて価格を変動させるマネジメント手法です。祝休日や休前日に高い価格設定を行うことや、夏休み期間や年末年始などの連休期間での特別料金の設定は、ほとんどのホテル・旅館で行っています。

大型連休時の特別価格、休日、休前日、平日の4段階程度に価格設定は最低限行っておきたいレベニューマネジメントですが、RevPARを向上させていくには更に細かい価格設定をしていきます。

簡単に取り組める方法は、休日などの曜日での価格設定と季節での価格設定を2つの軸で価格設定をすることです。曜日を休日、休前日、平日の3区分で行い、季節を繁忙時と平常時、エリアの特性によっては閑散期も加えて2～3つに区分をし、曜日の区分と掛け合わせて6から9の価格設定区分を作ります。

エージェントに提示する価格設定が複雑になるなどのデメリットもありますが、繁忙期と閑散期で価格のメリハリをつけることで、閑散期でのOCC向上が見込め、RevPARの向上が見込めます。

図表2　価格設定表の例

	平日	休前日	休日
平常時	10,000円	12,000円	13,000円
繁忙期	15,000円	18,000円	20,000円
閑散期	8,000円	9,000円	10,000円

出所：山田コンサル作成

季節や曜日に応じたレベニューマネジメントに加えて対象日の何日前・何週間前時点でのブッキングペースに応じて価格設定を変動させる手法も効果的です。比較的早い段階で空室が少なくなってきていれば価格設定を引き上げ、単価向上を狙い、一方でブッキングペースが悪けれ

ば価格設定を引き下げてOCC向上を目指します。OTA向けに「早割」で一定の稼働を確保し、稼働が確保できたら通常価格とし、宿泊日の直前でブッキングペースが悪ければ「直前割」で再度空室を埋めにいくという形で、3段階での価格変更をしていくこともあります。

どの時点でどの程度のブッキングペースであればいくらに価格設定をするかを決めなければならず、価格設定に正解がないため、経験やデータに基づく高度な判断が必要です。ビジネスホテルチェーンでは店舗数も多くデータも豊富であることから、その豊富なデータを活かし、ブッキングペースとその後の予約の状況のデータに基づいた統計的な手法を用いて自動で適正価格を算出するという取り組みが行われています。

いずれの方法も手間がかかる作業ですが、細かな価格設定を見直すことが、RevPARを改善する上での基本の施策です。

図表3　ブッキングペースに基づく価格設定イメージ

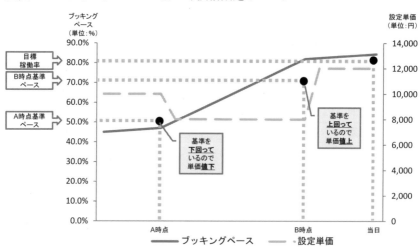

出所：山田コンサル作成

第4章　経営管理編

18　客室平均稼働率（OCC）向上のコツ

Q 宿泊業において客室平均稼働率（OCC）を向上させる策を教えてください。

POINT 宿泊業は業態により目標とすべきOCCが異なり、業態や館の状況に応じた目標設定が必要である。OCC向上を目指すにあたってはOCCが目標を下回る要因の分析から着手する。要因分析では複数の切り口で稼働状況を分解し、稼働率低下の要因を特定していく。要因分析によって特定されたOCC低下要因に合わせた対応施策を実施し、弱点を補強することでOCCの改善を図っていく。

A

1．業態別の目標OCC

　ホテル・旅館において、適正OCCは立地や業態により大きく異なります。宿泊特化型のビジネスホテルは高めに目標が設定されますが、1泊2食付きの高級温泉旅館ではOCCは低くなります。ADRの高さ、宿泊以外の付帯売上の有無などによりOCCは異なります。同じ業態でもエリアや集客チャネルの差異により目標とすべきOCCが変わってくるため、館の状況に合わせた目標とすべきOCCを変えていきます。

　以下、参考として一般的な宿泊業態におけるOCCの平均値を記載します。施設ごとの外部環境や付帯施設、オペレーションの状況により適正OCCが変わることをご留意ください。

図表1　宿泊業態ごとのOCC平均値

年度	全体	旅館	リゾートホテル	ビジネスホテル	シティホテル	簡易宿所
2019年	62.7%	39.6%	58.5%	75.8%	79.5%	33.4%
2020年	34.3%	25.0%	30.0%	42.8%	34.1%	15.5%
2021年	34.3%	22.8%	27.3%	44.3%	33.6%	16.6%

出所：観光庁「宿泊旅行統計調査」

2．OCC低下要因の分析

　OCCの改善を進めていく際にまず行うべきは館のOCCが目標に達しない要因はどこにあるのか、現状分析を行うことです。

　現状分析では、館の稼働をいくつかの切り口で分類し、課題を抽出する作業を行います。具体的には、曜日ごとでOCCに違いはないか、季節ごとでの稼働率の違いはないか、特定の部屋の稼働率が下がっていないかなど、多くの切り口で分析を行います。さまざまな切り口で分析を行うことで、館の問題点が見えてくるようになり、問題点に合わせた改善策を立案し、実行していきます。分析の切り口とそこから見えてきた問題点の例、問題点への改善策例を表にまとめました。

　その中でよく見られる問題点と具体的な改善策を説明していきます。

図表2　稼働率分析の切り口と問題点・改善策例

分析切り口	よくある問題点	よくある問題の発生要因	改善策例
曜日	休日の稼働が低い	ビジネス需要が中心で観光需要が取り込めていない	・休日向けプランの作成 ・観光需要に強いOTAでの販促
	平日の稼働が低い	平日需要がある層への販促が行えていない	・シルバー層向けプランの作成 ・バスツアー業者への営業 ・学生合宿需要の取り込み
部屋別	特定の部屋の稼働率が低い	部屋の質に問題があり、他の部屋と比較して見劣りする（騒音や内装の汚れ・破損など）	・訳あり部屋としての廉価販売 ・訳あり部屋特化型エージェントの活用
		旅行代理店により稼働が抑えられている	・旅行代理店との契約見直し ・事前確保開放期日の変更
	高価格帯部屋の稼働率が低い	高価格帯部屋が館全体のイメージや客層と乖離がある	・客室分割による部屋数増加 ・コンセプトルーム（子育て特化等）へのリニューアル
	ツインルームの稼働率が低い	2名利用を優先しようとした結果、1名利用獲得の機会を損失している	・ツインルームのシングル開放基準の見直し
季節	繁忙期と閑散期での稼働率差異が大きい	地域の観光需要に依存してしまっている	・既存顧客へのDMによる需要喚起 ・期間限定食事メニュー・販促による集客 ・旅行代理店に対するプラン持ち込み

出所：山田コンサル作成

(1) 休前日・土曜日のOCCが低い場合

　職業によって休みは異なるものの、土日・祝日が休みの方の割合は多く、休前日や土曜日はOCCが高くなりやすい曜日です。しかしながら、ビジネスホテルはビジネスマンの出張時の利用を主ターゲットとしているため、平日の稼働率が高く、休前日や土曜日の稼働率が下がるということが起こります。

　休前日・土曜日の稼働率を上げるためには、プランの見直しを行い休

前日・土曜日向けのプランを作成し、観光旅行に強いOTA（Online Travel Agent：インターネット上だけで取引を行う旅行会社）での販促を強化するなどします。周辺の観光施設の入場券とセットにしたプランにすることで観光客を呼び寄せやすくなります。また、エキストラベッドやベビーベッドなどの家族連れを意識した備品を用意し、ビジネスホテルでも観光利用もしやすい環境を作ります。

(2) 平日のOCCが低い場合

　ホテル・旅館の多くが、休前日・土曜日は稼働率が高く、平日の稼働率が低いという場合が多くなります。平日に旅行を行う層は限られるため、ターゲットとする層向けの販促活動が必要です。仕事を退職している高齢層をターゲットに旅行代理店とバスツアーを企画する、春休み・夏休みの時期であれば学生の合宿利用の企画を行うなど、待ちの販促ではなく攻めの販促が必要です。また、館で顧客管理を行っているのであれば、年代等を参考に対象ターゲットを絞ったDM送付をするのも有効です。

(3) 季節による変動が大きい場合

　観光事業者は季節や時期による繁閑差に悩まされます。年末年始やゴールデンウィーク、8月のお盆前後、シルバーウィークは旅行客も多い繁忙期ですが、祝日やイベントが少ない2月や6月などは閑散期になりがちです。エリアによって繁忙期・閑散期は少しずつ異なり、例えば紅葉の名所が近隣にある観光地では11月が観光のピークになるところもあります。年中同じようなOCCを維持できるエリアは稀で、多くのホテル・旅館が繁忙期の収益で閑散期の不足分を補い利益を確保しています。しかしながら、あまりにも繁閑差が激しいと固定費負担が重くなり、閑

散期の不足分を繁忙期で賄いきれないという事態が発生します。そういった場合には、閑散期に限定した対策を取ります。

　具体的には、周辺のイベントをピックアップしたプランの作成、リピーターへのDM送付などです。閑散期は単独の旅館の問題ではなくエリア全体の問題ですので、エリアでも閑散期を盛り立てようとイベントが企画されていることが多くあり、こういった企画に賛同し需要を狙います。観光協会などと連携が取れるのであれば協働で企画を立てる事例もあります。また、閑散期のリピーターへのDM送付も有効です。リピーターは館のことを複数回利用してくれており、良い印象を持っているファンである可能性が高く、閑散期でも訪れたくなるイベントやプランを作成し案内をすることで、リピートの頻度を上げてくれることがあります。

⑷　特定の部屋の稼働率が低い場合

　特定の部屋の稼働率が低いことにより、館全体のOCCを引き下げてしまうことがあります。客室自体に問題がある場合もあれば、旅行代理店との契約上問題がある場合もあり、稼働率が低くなる要因は多岐に渡ります。

　部屋に問題がある場合、その事実を公表し訳あり部屋として販売すると効果的です。例えば、景観に問題がある部屋でも、「景観は日中の観光で見るから気にしない」という宿泊客もおり、そういった宿泊客にとっては景観の理由で通常よりも安く泊まれるならば非常にお得な提案になります。ある温泉旅館においては、ボイラー室の真下にあたる部屋の低稼働で悩んでおり、騒音と振動が気になり熟睡できないような部屋でしたが、訳あり部屋として販売したところ、一部の方からは人気の部屋として稼働するようになりました。訳あり部屋を中心に集客を行うネッ

トエージェントもあり、局所的に活用することで弱点を補強する効果が見込めます。

　旅行代理店との契約により稼働率が低下することもあります。数部屋を旅行代理店用に確保し、旅行代理店が販売できなかった時に数日前に開放をして一般客用に販売するという契約が旅行代理店との間で結ばれていることがあります。旅行代理店の販売力は魅力的ではあるものの、予約ルートの主流が旅行代理店からOTAに移りつつあることから、客室数が少ない旅館では、直前まで客室を確保しておかなければならない旅行代理店との契約は見直すことが有効な場合もあります。

(5)　全般的にOCCが低い場合

　全般的にOCCが低い場合は、設備やサービスの質が競合と比較して低下している可能性があり、改善には時間がかかります。値下げ施策によりOCCを上げることも可能ですが、OCCとADRはトレードオフの関係にあるため、過度な値下げ施策はADR低下を起こしてしまいます。値下げをせずにOCCを向上させる方法には近道はなく、設備の整備やグレードの向上、サービスの質を向上させていくことで顧客満足度やネットエージェントの口コミ評価を上げることをまず考えなければなりません。

　顧客満足度が高まることでリピーターになっていただくことやネットで良い口コミを書いていただく（悪い口コミを書かれない）ことで、リピーター客の獲得、新規顧客の呼び込みにつながります。設備・サービスを向上させるにあたって現状の設備・サービスの問題点の把握を行う必要があります。OTAの口コミに目を通す、アンケート結果を見直す、ミステリーショッパーによる問題点の洗い出しを受けるなどします。

　アンケートは自由記述と選択回答の2つの方法がありますが、選択回

第4章　経営管理編

答形式を取り入れ継続的にアンケートを取り続けることにより、設備やサービスを改善した効果も定量化することができます。自由記述ほどは細かな問題を抽出することはできませんが、現場従業員も定量化されることでアンケート結果に興味を持ってもらいやすくなり、設備・サービスレベルの向上につながるため、継続的に設備・サービスの品質を向上させていくには有効なチェックポイントとなります。

19 客室平均単価（ADR）向上のコツ

Q 宿泊業において客室平均単価（ADR）を向上させる策を教えてください。

POINT ADRは業態や施設のグレード、立地によって千差万別であり、どの程度のADRを狙うかはその施設が成功するか否かを決める重要な要素である。ビジネスホテルなどの宿泊主体ホテルでは客室価格でのみADRが決まり、旅館では食事込みの価格でADRが決まり、業態によって取れるADR向上施策は変わる。1部屋当たりの宿泊人数を増やすことや、露天風呂などの設備の見直しにより付加価値を向上させること、また旅館のように食事提供をする業態では食事内容の見直しを行うなど、業態に応じた施策を考え実行していくことが重要である。

A

1．業態ごとのADR構成の違い

OCCは業態ごとに大まかな目安となる基準値がありますが、ADRは部屋のグレードやプランなどによって決まるため、業態ごとの基準は決まっていません。例えば、高級温泉旅館では1泊2食付きで数十万円ということもあれば、低価格帯の温泉旅館では1泊2食付きで数千円ということもあり、ADRに10倍もしくはそれ以上のばらつきが発生します。

ADRをどれだけ取れるかは、そのホテル・旅館の付加価値がどれだけあるかを表しています。多くのホテル・旅館がより高いADRを目指して経営を行っています。しかしながら、ADRを求めすぎた結果、

OCCが低下してはいけません。

　OCCの向上施策で記載したのと同様に、OCCとADRのバランスを見ながら価格設定をすることが重要です。

　ADRの向上施策を検討していく上で抑えておきたいのが、業態によりADRを構成する要素が違うということです。まず全業態共通の区分ですが、ADRは1部屋あたり宿泊人数×1部屋当たり宿泊単価で構成されます。宿泊をする部屋の提供を基本とし、食事や付帯メニューや部屋のグレードによってADRは変わります。

　旅館業態では朝食・夕食の提供が基本となっていることが多く、食事のグレードで差別化をしてADRを向上させることが行いやすい特徴があります。ビジネスホテルでは朝食はつくことはあっても夕食付きのプランを提供していることは稀であり、客室のグレードや設備・備品でADRの向上を狙うしかありません。

　図表1にホテルの業態ごとで獲得が見込める売上の種類を記載しています。夕食まで提供をするホテルもあれば素泊まりプランを用意する旅館もあるため、一般論にはなりますが、多くのホテル・旅館がこの表の分類でADRを構成しています。また、ADRは客室平均単価であるため、別注料理やお土産による消費などの館内消費はADRには含まずに計算することも多くありますが、ここでは館内消費も含めてADRとして記載します。

図表1　業態ごとの売上区分

売上区分	旅館	シティホテル	リゾートホテル	ビジネスホテル
宿泊売上	◎	◎	◎	◎
夕食売上	◎	△	○	×
朝食売上	◎	○	○	△
貸切温泉売上	◎	×	×	×
別注売上	○	△	△	×
土産売上	○	△	○	×
売店売上	△	○	△	○
婚礼・宴会売上	×	○	○	×

出所：山田コンサル作成

2．売上区分ごとの施策

　ADRの構成を分解した表をもとに各施策を述べていきます。**図表2**に売上分類ごと、業態ごとの施策を記載しました。

第4章　経営管理編

図表2　売上区分ごとの具体的施策例

業態	売上区分	ADR向上の具体的施策例
旅館	宿泊売上	・1部屋当たり利用人数別割増単価の設定 ・個室露天風呂設置による付加価値向上
	夕食売上	・複数プランによる高価格帯コースへの誘導 ・ブランド食材による付加価値向上 ・品目の見直しによる付加価値向上
	朝食売上	・メイン料理変更などのオプションプランの提示
	貸切温泉売上	・貸切温泉利用の有料化 ・複数貸切温泉を設置し、湯めぐりプランの追加
	別注売上	・別注メニューの作成および案内 ・ドリンクメニューの見直し ・フードペアリングや飲み比べプランの作成
	土産売上	・夕食/朝食時での試食提供と売店販売のご案内 ・お土産カレンダーによる季節性あるお土産企画 ・地場食品メーカーとのオリジナル商品企画 ・真空パック機器による名物料理のチルド・冷凍販売
シティホテル	宿泊売上	・セミスイートルームの増設 ・ホテル附帯施設の利用券付きプランによる単価向上
	朝食売上	・バイキングの導入およびバイキングメニューの見直し ・ライブキッチンの導入
	売店売上	・レストラン名物料理のレトルト商品企画 ・簡易コンビニ設置
	婚礼・宴会売上	・ウエディングプラン料理の試食会 ・宴会営業プラン/チラシの見直し
リゾートホテル	宿泊売上	・セミスイートルームの増設 ・ホテル附帯施設の利用券付きプランによる単価向上 ・周辺アクティビティ利用券付きプランによる単価向上
	夕食売上	・バイキングメニューの日替わりメニュー拡充による連泊利用促進 ・ライブキッチンの導入 ・子供向けメニューの拡充
	朝食売上	・バイキングの導入およびバイキングメニューの見直し ・ライブキッチンの導入 ・子供向けメニューの拡充
	土産売上	・レストラン名物料理のレトルト商品企画 ・お土産カレンダーによる季節性あるお土産企画
	婚礼・宴会売上	・Instagramでのプラン紹介、インスタグラマー活用 ・アクティビティとの連動プラン企画
ビジネスホテル	宿泊売上	・レベニューマネジメント方法の見直し ・設備/アメニティ類の見直し
	売店売上	・空きスペースへのコンビニ誘致 ・無人コンビニの導入

出所：山田コンサル作成

(1)　1部屋当たり宿泊人数の増加　全業態共通

　ADRは「1部屋当たり宿泊人数×1人当たり宿泊単価」で構成されるため、1部屋に泊まる宿泊人数を増やせばADRは向上します。つまり、同じ部屋に1人客よりも2人客、3人客を入れることができれば、ADRは向上します。

　具体的な施策を2つご案内します。

　1つ目は、宿泊人数によって価格設定を変えることです。これは1部屋当たり宿泊定員数が比較的多い旅館で多くとることができる施策です。各部屋の想定利用人数を設定し、その人数未満の宿泊に対しては1人当たり宿泊単価を割高に設定し販売します。一方で大部屋では家族利用など大人数での利用を促すため、人数が増加するごとに1人当たり宿泊単価に割引を設定するなどし、家族やグループが予約しやすい環境を作ることも有効です。

　2つ目は、1部屋当たりの宿泊定員数を増やすことです。これはベッドを利用するホテルで有効な手法です。部屋が大きく本来は3人4人で利用できるが、ベッドが2台しかないため、2名が宿泊定員になっているという場合があります。通常時は2名利用を定員としておき、エキストラベッドを用意しておくことで3名利用や4名利用にも対応できるようにしておくことで、1部屋当たり宿泊人数を増やすことができます。ビジネスホテルではシングルでの利用が多いですが、休前日や土曜日は2名利用も増えることを見越して、シングル用の客室を改装してツインの部屋にしておくことも有効です。ベッドに予算がかけられ部屋のスペースに余裕があるのであればシングルやセミダブルのベッドからダブルやクイーン・キングサイズへのベッド交換をし、2名利用も可能なダブルルームとしておくことでも、同様の効果が得られ、シングル利用時もベッドのグレードが上がっているので顧客満足度を上げる効果も狙えま

す。

(2) 設備投資により客室の付加価値を上げる施策　全業態共通

　設備投資により客室の価値向上も基本的な施策です。重要なのは、設備投資により明確にグレードが上がる内容であることです。客室をきれいに改装する、テレビなどの付属電化製品を新しくするなどの施策は宿泊客の満足度を上げるには有効な施策ですが、客単価を直接上げる効果は低く、「露天風呂付き」や「檜風呂付き」「ダブルサイズの大型ベッド」といったフレーズをOTAのプラン上に記載できる（＝顧客に伝わりやすい）設備投資を行うことで客室単価が向上します。

　最もわかりやすいのが、温泉旅館における露天風呂付き客室への改装です。近年プライベート空間でゆっくりと温泉を楽しめる露天風呂が客室についているタイプは非常に人気があり、多くの旅館で取られている設備投資施策です。OTAのサイトでも個室露天風呂付きの部屋を検索するタグが用意されており、わかりやすく部屋の付加価値を上げてくれます。

　客室の構造上、露天風呂にはできない場合でも、ユニットバスではなく、個別にテーマを持たせた内湯にすることでも付加価値を上げることができます。ホテルでは、シングルルーム2つを取り壊して1つのスイートやセミスイートへ変更するなどの客室面積の拡大はアピールがしやすく、ADRを向上させやすい施策です。投資金額をあまりかけずに行う施策として取りやすいのはベッドのグレードを上げることです。ベッドをダブルサイズやクイーン・キングサイズと書くことで、比較的少ない投資金額で客室の価値を高めることができます。

(3) 食事の見直しによるADR向上　旅館業態

　次にご紹介するのは、食事内容の見直しによるADR向上を目指す施策です。これは食事を提供することが前提の宿泊施設である旅館を中心とする施策です。リゾートホテルでも食事がセットになっていることも多いため、リゾートホテルでも実施可能な施策です。

　具体的な施策をいくつか説明します。

　1つ目は食材のグレードを上げる施策です。わかりやすく説明すると、例えば通常の国産肉を扱っていたものをブランド肉に変更するといったものです。当然食材原価も上がってしまいますので工夫が必要ですが、目玉となる食材が用意できれば顧客の期待値も上がり、高単価を狙えます。ブランド肉や高級魚の取り扱いが難しい場合は、地場の畜産農家が生産する食肉や地場の漁港で取れる海産物を地物として活用することも有効です。○○牛・○○豚などのブランド名がつけられているとアピールがしやすく、なお良いでしょう。海産物は漁獲量が安定しないため、生産量が安定する食肉で目玉を作れると安定してADR向上を目指せます。

　2つ目はコースの品目を増やすことです。食事の量や質は実際に宿泊して飲食をしてみないとわからないため、宿泊客は事前に口コミの確認やHPでコース料理の内容を確認して料理内容を判断します。周辺の競合の食事内容もHP等で調査することができますので、競合のコース料理の品目数を確認して、競合と同品目数かそれ以上の品目数に設定をしておくと良いです。しかしながら、闇雲に品目数を増やしてしまうと、調理場の負担が重くなってしまうため、増やす品目は検討が必要です。味が濃くなる魚料理と肉料理の間に箸休めを用意する、デザートを1品ではなく盛り合わせにするなど、事前に仕込みを行うことで提供が可能な品目としておき、品数を増やしても調理場の負担を軽くすることがで

きます。調理場でもアルバイトの調理補助者や仲居でも簡単に用意することができる簡単な料理にしておくことも有効です。

　3つ目は、コースのグレードを3つ用意しておくことです。これは心理学の理論の1つであるゴルディロックス効果を活用したものです。この効果は松竹梅の法則ともいわれ、顧客はグレードの違う3つの選択肢が用意された場合、中間のグレードの選択肢を選んでしまう傾向にあるという心理的効果です。変更前のコースを一番下のグレードにし、狙いたい客層向けを中間向けのグレードに誘導することで単価の向上を狙います。中間の選択肢を用意することが重要なため、コースは2つではなく、3つである必要があります。4つ以上でも同様の効果は得られますが、宿泊客がコースの違いを認識できずに混乱する恐れがあり、またコースの種類が増えすぎることで調理場のオペレーションも複雑になるため、3つのグレードでのコース設定が最もバランスが良いです。また、新たなコースを考えるのは大変なことですが、あらかじめ用意されている別注料理を付け加えてコースにするなど工夫して、調理場の負担を軽減できます。

　4つ目は、別注料理による付帯売上を向上させる施策です。これまでの施策は予約時で単価を上げる施策でしたが、この施策は来館後に単価を向上させるものです。旅館の食事では、通常のコースに加え、その場で追加料金を払うことで料理のグレードアップや品目を追加することができ、これらを別注料理と呼びます。別注料理の注文数を増やすため、食事処のテーブルに別注料理用のメニューを置く、既に置いている場合は別注料理の内容を見直すなどの取り組みを行います。また接客をする従業員の一言オススメの徹底も有効です。別注料理は通常のコース料理の合間に調理を行わなければならないため、調理場の負担が大きく、調理場の協力が得られないという事象が多く見られます。そのため、調理

場としっかり話し合い、調理場の手間がかかりにくい別注料理を用意しておく必要があります。具体的には、調理場の板前以外の従業員でも調理ができるメニューの用意や、卓上コンロや固形燃料による調理で宿泊客が仕上げの調理を行うメニュー（小鍋や陶板焼き）にすることで、調理場の作業を軽くすることができ、調理場の協力を得られやすくなります。

　5つ目は、ドリンク売上による付帯売上を向上させる施策です。別注料理と同様に、来館後に単価を向上させられる施策です。従来はホテル・旅館でのドリンク売上はアルコール類が中心でしたが、アルコール離れや飲酒運転の取り締まり強化により、追加ドリンクを頼まない客やソフトドリンク・ノンアルコールドリンクの注文比率が高まっています。またアルコールに関しても、低アルコール飲料や口当たりのよいカクテルやサワーの人気が高く、売上構成が変化しています。宿泊客の注文動向を踏まえたドリンクメニューの構成に変更し、ビール・焼酎・日本酒などの定番に加え、割りものによるカクテル類やソフトドリンクを充実させることで注文の拡大が見込めます。また、地酒飲み比べセットや料理とワインのペアリングなど、2杯以上飲むことを前提とした提案もADRを向上させる施策として有効です。

(4)　付帯売上によるADR向上　全業態共通

　ここまでは客室や食事など、ホテル・旅館の主要商品・サービスを利用した単価向上でしたが、その他の付帯売上を向上させることもADRを向上させるには即効性が高い施策です。付帯売上はホテル・旅館の設備によって異なるため、さまざまなホテル・旅館で活用しやすい施策をいくつか紹介します。

　1つ目は、お土産品による付帯売上向上です。お土産を販売している

ホテル・旅館は多くありますが、ただ置いているだけになっており、ADRの向上につなげられているホテル・旅館はあまり多くありません。賞味期限の長い菓子類を置くだけでなく、地場の季節ごとの名産品や朝食で使っている漬物やふりかけの販売などを行うことでお土産売上の拡大が見込めます。地場のお土産品を、生産するメーカーと共同で自社オリジナルのプライベートブランドのお土産企画に加え、食品以外の伝統工芸品（漆塗りの食器・箸）の販売も有効です。衛生管理や許認可申請は必要になりますが、真空パック機が低価格で購入できるようになってきており、自社の名物料理のお土産化をするホテル・旅館も増えています。商品以外でも、季節ごとに販売を強化するお土産を決めて販売を強化するお土産カレンダーの作成や手書きPOPによる従業員お薦め、フロント前での販売など、販促方法の工夫によっても売上の増加が見込めます。

　2つ目は、湯上り処などでの食品・飲料の販売です。湯上り処でビールやアイスクリームを販売することで、通常の食事以外の食品・飲料売上を獲得できます。バーカウンターを設置して接客・販売を行う従業員を置いてもよいですが、ビールやアイスクリームの自動販売機を設置することで、人件費を抑制することも可能です。

　3つ目は、館内コンビニエンスストアや自動販売機による館内消費の促進です。ビジネスホテルでは、近隣にコンビニエンスストアがあることがホテル選びの基準の一つになっており、ホテル・旅館に宿泊しながら簡易的な食品やドリンク類、雑貨を購入するニーズは高まっています。コンビニエンスストアを館内に誘致することができればよいですが、建物の構造や防犯上の問題から設置が難しいことも多いでしょう。そういったときに検討したいのが、自動販売機の設置です。ソフトドリンクやアルコール類を自動販売機で販売することは多くのホテル・旅館が行っ

ていますが、近年ではカップ麺やスナック菓子、下着類などまで自動販売機による販売をするホテル・旅館も増えています。近年では自動販売機では販売できる商品数が少なく数量もあまり多くは置けないため、無人コンビニを設置するビジネスホテルも現れています。無人コンビニには防犯面での課題やサービス提供エリアが限られているなどの問題もありますが、都市圏のビジネスホテルでは検討できる施策です。

第4章　経営管理編

20　Webマーケティングの実践ポイント

Q インターネットを活用して宿泊予約を増やすための策を教えてください。

POINT Webマーケティングは、インターネットを活用して宿泊予約を増やすためのマーケティング手法である。インターネット上で選ばれる施設になるべく「魅力的な情報発信」と「印象に残るコミュニケーション」が重要。実行時は複数のチャネルを活用しながら宿泊予約に繋げることが望ましく、具体的にはOTA（オンライン旅行代理店）、自社公式サイト、SNS（ソーシャル・ネットワーキング・サービス）、LINE公式アカウントが挙げられ、顧客ターゲットに合わせた運用が求められる。

A

1．Webマーケティングの重要性

　総務省の調査によれば、2021年のインターネット利用者は総人口の80％を超えています。インターネットを利用するデバイスの中で、スマートフォンの利用率が最も高いです。スマートフォンが普及する以前は、旅行代理店や直接電話で宿泊予約をする人が多かったのですが、現在では、スマートフォンを通じて宿泊施設の情報を収集し、宿泊予約をする人が増えています。

　日本国内のBtoC-EC（消費者向け電子商取引）市場において、旅行サービスの市場規模は、2020年と2021年に新型コロナウイルスの影響で縮小しましたが、新型コロナウイルス以前の2013年から2019年にかけて年

平均成長率は8.11％と高い伸びを示し、2019年には3.89兆円の規模まで成長しました（**図表1**）。

　アフターコロナの時代においても、インターネットを通じた宿泊予約が増える可能性が高いため、宿泊施設にとって、インターネットを活用したマーケティングは重要な取り組みと言えます。

図表1　電子商取引における旅行サービス市場規模推移

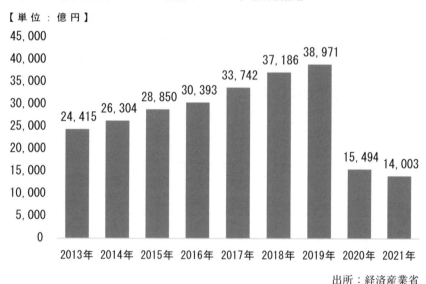

出所：経済産業省

　Webマーケティングにはさまざまな方法がありますが、本節では選ばれる施設になるために、「魅力的な情報発信」と「印象に残るコミュニケーション」の2つに分類して解説します。

2．魅力的な情報発信

　インターネットで宿泊場所を探すユーザーには一般的な行動特性があ

ります。はじめにOTAを通じて宿泊候補となる宿泊施設の名前を見つけ、その後公式サイトにて詳しい情報を確認した上で予約をするかどうか再検討します。

したがって、宿泊を検討しているお客様が情報収集する際に主に活用されるOTAや公式サイトの魅力を高めることが重要です。また、最近ではSNSなどを通じて情報収集するユーザーも増加傾向にあり、OTA、公式サイト、SNSを通じて選ばれる施設になることが重要な取り組みとなります。

(1) OTA

OTAとは、じゃらんや楽天トラベルなどのインターネット上のみで宿泊予約を行えるオンラインの旅行代理店です。OTAで選ばれる施設になるための重要な取り組みを3つ紹介します。

① 口コミ点数の向上

部屋の広さや浴槽の広さなどのハード面の評価を高めることはリニューアルなどの投資が必要ですが、サービスなどのソフト面の改善はすぐに実施可能です。例えば、部屋にコンセントが不足している場合、延長コードやコンセント付きヘッドボードを追加するなどの対応が考えられます。毎月のお客様アンケートの自由記述部分を必ず確認し、お客様が不満に思っているサービス面を改善することが重要です。

② フォトギャラリーの更新と整理の実施

フォトギャラリーを更新せずに放置している宿泊施設や、客室などのカテゴリー別に写真を整理していない宿泊施設が多く見られます。フォトギャラリーは宿泊を検討しているお客様にとって予約をするかどうかの重要な判断項目となります。全てのOTAでフォトギャラリーの更新と整理状況を確認し、不十分な場合はすぐに改善することが重要です。

③　ターゲットに合わせた宿泊プランの作成

　ターゲットが予約したいと思える宿泊プランがなければ、予約につながらないことがあります。宿泊プランは、「ターゲット×価格帯」で抜け漏れなく作成することが重要です。ターゲットとは、例えば、カップル、ファミリー、高齢者、グループ、ビジネス、女性、3世代、学生などです。現在販売している宿泊プランの平均価格帯が1泊1万円であれば、前後20％の価格帯（例：8,000円プラン、10,000円プラン、12,000円プランなど）でターゲット別に宿泊プランが作成されているか確認し、抜け漏れがある場合は新しい宿泊プランを作成することが重要です。

(2)　自社公式サイト

　宿泊施設を探しているユーザーは常に比較検討しています。公式サイトのデザインが古いと、最初の印象が悪くなります。宿泊の魅力が分かりにくいと宿泊施設に対する印象が弱く、宿泊客の獲得はできません。したがって、宿泊施設に興味を持ったユーザーに対し、自社公式サイトを通じて宿の魅力を的確に伝えることが重要です。自社公式サイトにおいて選ばれる施設になるための重要な取り組みを5つ紹介します。

①　スマートフォン対策

　多くの宿泊施設はレスポンシブ対応を行っており、これによりスマートフォン、パソコン、タブレットなどの端末に合わせて最適に表示されるデザインが実現されます。このため、スマートフォン用やタブレット用の別々の公式サイトを用意する必要がなく、ホームページを1つだけ作成すれば済むのでコストも抑えられます。

　しかしながら、レスポンシブ対応だけではデメリットも存在します。実際にスマートフォンやタブレットで閲覧すると、改行の位置やフォントサイズ、写真配置のバランスなどが最適でなく、閲覧しにくくなって

いるケースが多々あります。このため、レスポンシブ対応を行っているからといって安心せず、実際にスマートフォンやタブレットで画面を確認し、閲覧に問題がある場合は個別に修正することが重要です。

スマートフォン対策を行うことで、宿泊施設の公式サイトはモバイル端末でも快適に閲覧でき、より多くのユーザーにアピールできるようになります。

② 人物が映っている写真の活用

宿泊施設の公式サイトにおいて、人物が映っている写真を使うことで、具体的な宿泊のイメージがしやすくなります。人物が映っていないとお客様がどのような体験を楽しめるのか、どのような雰囲気があるのかが伝わりにくいため、宿泊施設への興味や期待が薄れてしまいます。

そこで、ターゲットに合わせた人物の写真を活用することが重要です。例えば、ターゲットが女性であれば女性が映っている写真を使い、ターゲットが家族であれば家族が映っている写真を掲載することで、宿泊施設の雰囲気やサービスがよりリアルに伝わります。これにより、訪問者は自分たちが実際に宿泊施設で過ごす様子をイメージしやすくなり、予約につながりやすくなります。

人物が映っている写真を活用することで、宿泊施設の魅力を具体的に伝え、ターゲットに対するアピール力を向上させることができます。

③ 動画の活用

動画は、文字情報に比べて多くの情報を効率的に伝えることができます。視覚的な情報だけでなく、音声や雰囲気も伝えることができるため、宿泊施設の魅力を訪問者にリアルに伝えることができます。

調査会社フォレスター・リサーチの研究結果によれば、「1分間の動画から伝わる情報量は、Webページに換算すると約3,600ページ分になる」とされています。このことからも、動画は非常に情報伝達能力が高

いメディアであることがわかります。重要なコンテンツやサービスを動画で伝えることで、訪問者に強い印象を与え、宿泊施設への興味を引き出すことができます。

④　宿泊施設の強みを整理したコンテンツの準備

公式サイトに訪れたユーザーの滞在時間は限られており、その短い時間の中で施設の強みを的確に伝えることが重要です。そのため、トップページに宿泊施設の特徴やサービス、立地など、他の施設と比較して優れている点を明確に伝えることが必要です。強みを箇条書きやアイコン、画像などで視覚的にわかりやすく整理し、訪問者がすぐに理解できるようにすることで、限られた時間の中でアピールすることができます。

⑤　最新情報の提供

公式サイトで宿泊施設の最新情報やサービスを日々更新し、訪問者に提供することが重要です。設備のリニューアルなどのハード面の情報を発信している宿泊施設は多いですが、サービスなどのソフト面の情報を発信していない宿泊施設は多く見られます。新しいサービスやイベントなど、常に最新の情報を提供することで、訪問者に魅力的なコンテンツを提供することができます。

(3)　SNS

SNSとは、インターネットを介し、人間関係を構築できるウェブサービスの総称です。主要なSNSにはFacebook、Instagram、X（旧Twitter）などがありますが、ホテル探しで最も相性の良いSNSは写真をメインとしたInstagramです。

Instagramを活用して、お客様に選ばれる施設になるためには、投稿計画の作成と分析に基づく運用が重要です。以下にそのポイントを紹介します。

① 投稿内容のバリエーション

イベントだけでなく、館内紹介、最近の取り組み、周辺施設案内など、多様な内容を投稿することで、幅広いフォロワーに興味を持ってもらえるようにします。

② 投稿タイミングの最適化

フォロワーが多く閲覧する曜日や時間帯に投稿することで、より多くのフォロワーに閲覧してもらえるようにします。

③ 過去の投稿の分析

過去の投稿から反応の良いカテゴリーや投稿タイミングを分析し、効果的な投稿計画を立てることが重要です。

④ 1カ月ごとの投稿計画の作成

分析結果をもとに、1カ月ごとの投稿計画を作成し、運用に活かします。

これらの取り組みを実施することで、Instagramでの宿泊施設の魅力を効果的に伝え、多くのフォロワーに興味を持ってもらえるようになります。また、定期的な分析と計画の見直しを行うことで、効果的な運用を継続的に行うことができます。

3．印象に残るコミュニケーション

宿泊業は繁忙期と閑散期がある業種であり、客室稼働率を安定させるためには、リピーターを獲得することが重要となります。リピーター獲得で大切なことは、常にお客様の印象に残り続け、宿泊需要が生じた際には宿泊予約の候補に挙がる存在になるということです。そのためにはお客様との定期的なコミュニケーションが重要となります。

お客様との定期的なコミュニケーションを維持するためには、SNSの活用が効果的です。なかでもLINE公式アカウントを活用することを推

奨します。LINE公式アカウントとはコミュニケーションアプリ「LINE」上で企業や店舗がアカウントを作成し、友だち追加してくれたユーザーに情報を発信できるサービスです。以下ではLINE公式アカウントを運用するための3つのポイントを紹介します。

(1) 友だちを増やす

　LINE公式アカウントの運用効果を高めるためには、友だち（LINE公式アカウントを追加してくれたユーザー）を増やす取り組みが重要です。友だちを増やす方法はさまざまありますが、代表的なものとしては、すぐに利用可能な友だち特典を準備することです。例えば、館内利用券、無料ドリンク券、抽選引換券などが良いでしょう。

　次に、準備した特典を館内とホームページにてアピールすることが重要です。館内であれば、ロビー、フロント、売店、エレベーター、レストランなどお客様の宿泊導線上にポスターやPOPを設置します。ホームページではトップページまたはLINE公式アカウント紹介ページを作成し、特典内容や今後の配信内容などをアピールします。

　LINE公式アカウントを作ったものの、館内やホームページでアピール不足の宿泊施設は多いです。友だち目標数を設定し、会社全体で取り組むことで、効果的な運用が期待できます。

(2) 効果的なメッセージ配信

　メッセージ配信には、「テキストメッセージ」と呼ばれる、文章や画像を添付してすぐに配信可能な方法や、「リッチメッセージ」と呼ばれる、視覚的にも分かりやすくリンク先を設定可能な方法など、さまざまな種類があります。

　テキストメッセージには文章や画像を準備すればすぐに配信可能とい

第 4 章　経営管理編

うメリットがありますが、表示される画像の画面占有率が低く、リンク先を設定できないといったデメリットがあります。これらのデメリットを解決する配信方法がリッチメッセージであり、筆者の顧問先ではテキストメッセージのみの宿泊施設が多いため、効果的な運用を目指すのであればリッチメッセージを推奨します。

　また、リッチメッセージと似た用語として「リッチメニュー」という機能があります。リッチメニューは、LINE画面下部のキーボードエリアに固定されているメニューを指し、一度設定すると、メッセージ配信の際に常に表示可能なため、お客様に常に届けたいコンテンツを設定すると良いです。例えば、公式サイト、周辺案内、ご予約、アクセス、体験、SNS（Facebook、Instagram、X（旧Twitter））などが挙げられます。リッチメニューについても設定されている宿泊施設は少ないため、リッチメッセージと合わせてリッチメニューの活用を推奨します。

図表 2　リッチメッセージとリッチメニューの画面イメージ

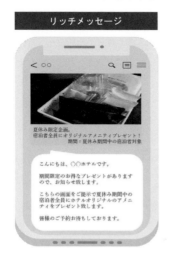

出所：山田コンサル作成

⑶　最適なメッセージ配信計画

　メッセージの配信頻度が高すぎると、ブロックされるリスクがあるため、おおよそ2カ月に1回程度の定期的な配信が推奨されます。

　配信内容としては、お得な情報や役立つ情報が重要です。例えば、LINE公式アカウント登録者限定の特典プラン（宿泊、日帰り、レストランなど）、季節ごとの館内イベントや周辺イベント（七夕、紅葉、クリスマスなど）の案内が良い選択です。

　また、LINE公式アカウントの管理画面を使って、簡単にクーポンを作成し、友だちに配信することができます。クーポン配信には、「友だち全員が受け取れるクーポン配信」と「抽選式のクーポン配信」の2種類があります。友だちが抽選に参加すると、あらかじめ設定した確率で「当たり／ハズレ」が表示され、当たった方にはクーポンが配信されることで特別感を演出できます。宿泊施設にとって最適な配信頻度や内容、クーポンの有無を検討し、印象に残るコミュニケーションを継続的に行うことが重要です。

第4章　経営管理編

21　コスト適正化

Q 宿泊施設のコスト適正化の重要なポイントを教えてください。

POINT 宿泊業は、建物の運営・維持管理にかかる固定費が高く、宿泊者の季節変動や予期せぬ需要の低下が起こりやすい業界である。そのため、売上や利益が不安定になりやすい傾向にある。経営の安定化を図るには、コスト適正化が重要なポイントになる。現在、宿泊業界は一見すると好調と思われるが、自然災害や政治経済環境の変化といった外部要因に左右されやすく、予期しないリスクが潜んでいる。利益が多く出た場合でも、節税を目的とした過度な経費支出は避けなければならない。突発的なリスクが発生した際に、資金繰りが悪化する恐れがあるため、現在の好調な状況のときこそ、無駄な支出を抑え、経費の引き締めを行う必要がある。

A

本節では、宿泊業における効果的な経費削減のコツと、勘定科目ごとに発生しやすい課題や改善策を考察します。コスト管理を適切に行うことで、経営の安定化を図り、将来的なリスクにも対応できる強固な財務基盤を築くことが可能になります。

1．料理原価の適正化
(1) 仕入先の選定と価格交渉

料理原価を効果的に抑えるためには、まず仕入先の選定と価格交渉が重要です。複数の業者から見積もりを取り、価格の比較を行うことで、

最適な仕入先を選ぶことができます。最近では、仕入れプロセスの最適化を実現する受発注プラットフォームが広く活用されています。これにより、複数の業者からの見積もりを一括で比較し、効率的に最適な仕入先を選定することが可能です。

次に、在庫管理の効率化も欠かせません。例えば、重量計と受発注プラットフォームを組み合わせることで、在庫量をリアルタイムで把握できます。食材の過剰発注や在庫切れを防ぎ、必要なタイミングでの適切な発注が可能になります。自動化された在庫管理システムを導入すれば、食材の消費状況を正確に把握し、無駄を省くことができます。

飲食部門における食材原価率が25％を超える場合は、危機的な状況と言えます。こうした場合には、仕入日計表を作成し、日々の食材仕入額と売上の比率を把握することが求められます。日別の原価率を把握することで、調理部門は無駄な仕入れを控え、不正防止の意識も高まります。実際に、この取り組みを行うことで、食材原価率を10％近く削減した事例もあります。

(2) メニューの見直し

提供している料理の内容の割に顧客満足度が低い場合には、料理メニューと原価のバランスが適正かどうか検証します。有効な手段は、1品ごとの料理原価を算出することです。原価が高い割に顧客満足度に貢献していない料理は、見直しが求められます。例えば、高価な食材を使用しているが顧客からの評価が低い料理については、よりコストパフォーマンスの高いメニューに変更することが望ましいと言えます。

(3) 食材管理の適正化

冷凍冷蔵倉庫内の在庫を定期的に確認し、食材が適切に管理されてい

るかをチェックします。管理に問題があると、消費期限切れの食材やパッケージが破損し冷凍焼けしている食材が放置されていることがあります。こういった食材の廃棄・ロスは原価率が上昇する要因となるばかりでなく、衛生状態の悪化にもつながります。品目別、消費期限別に整理整頓しておくことが望ましいと言えます。

　飲料の管理も同様に重要です。在庫量が適切であるか、日々の入出庫数を細かくチェックしましょう。特に、ウイスキーなどの価格上昇が顕著な品目は、必要以上の在庫を持たないよう見直しを図りましょう。

⑷　料理提供の流れの改善

　朝食バイキングなどの調理と提供の流れを見直し、調理タイミングや配膳の効率化を図ることで、料理のロス率を低減します。例えば、調理時間のかかる料理の提供タイミングを調整したり、料理の提供ロット数を小さくしたりする等により、無駄な廃棄を防ぐための細かな管理を行います。

２．人件費の適正化

　人件費は、最低賃金の上昇や人手不足により増加傾向にあります。労働環境の改善を図り、スタッフの定着率を高めることが重要です。問題のある部署や人間関係に起因する士気低下にも、迅速に対処することが求められます。また、退職金制度については、資金の裏付けがないまま導入すると、想定外のコスト負担になるため、外部積立を検討しましょう。

⑴　労働時間の予算化とシフト管理

　労働時間を年間予算として設定し、シフト管理を徹底することで人件

費の適正化を図ります。例えば、年間の総労働時間目標を設定し、それに基づいて月間、週間の労働時間目標を立て、シフトを組むことで、全体の労働投入時間を管理しやすくします。これにより、総労働時間の削減と人件費の削減を同時に実現します。

(2) 業務の分業化と適正配置
　コア業務とノンコア業務を明確に区別し、適材適所に人材を配置することで、業務の効率化を図ります。コア業務である接客や施設管理に注力し、ノンコア業務は外部委託や簡略化を進めることで、従業員の負担を軽減し、運営効率を向上させます。

(3) スポットアルバイトの活用とシステム導入
　繁忙期にはスポットアルバイトを活用し、常勤スタッフの負担を軽減します。さらに、予約管理や食事会場の混雑状況の可視化をシステム化し、業務効率を向上させ、人的リソースの最適化を図ります。

(4) 福利厚生費の見直し
　福利厚生費には住宅手当や食事手当、社員旅行、資格取得費用などが含まれますが、これらが実際にスタッフの満足度向上に寄与しているか確認が必要です。もし費用対効果が得られていない場合は、支出の見直しを行いましょう。住み込みスタッフに依存するリゾート地や山間の宿泊施設では、住居やまかない料理の充実がスタッフの採用や定着に効果を発揮するケースがありますので、地域性やスタッフの嗜好に合わせて方針を決めましょう。

3．水道光熱費の適正化

　水道光熱費も、宿泊業の運営において大きな負担となる要素です。この分野でのコスト削減には、省エネ機器の導入が効果的です。政府や地方自治体の補助金を活用して、省エネ型の照明や空調設備に更新することが推奨されます。また、エネルギー使用量をリアルタイムで監視し、必要に応じて調整するシステムの導入も考えられます。

4．送客手数料の適正化

(1) エージェントとの取引条件の見直し

　送客手数料の高いエージェントへの依存度を下げるため、各エージェントの手数料率や取扱高を分析し、取引方針を見直します。送客契約の更新時には、手数料率や提供客室数を調整し、依存度を減らしていくことが重要です。また、OTA（オンライン・トラベル・エージェント）と旅行代理店のバランスを考慮し、適切な取引を行います。

(2) 自社公式サイトの充実と直接予約の促進

　自社公式サイトの充実や会員システムの構築を通じて、送客手数料がかからない直接予約を増やすことが重要です。これにより、手数料のコストを削減し、収益性の向上を図ることができます。

5．広告宣伝費の適正化

　宿泊業は広告会社の営業を受けやすい傾向にあり、提案を全て受け入れると、広告宣伝費が膨れ上がる可能性があります。媒体別に年間予算と継続の判断基準を設け、費用対効果を明確に測定することが必要です。トレンドを追うよりも、実際の効果を見極めて広告出稿を決定しましょう。

求人広告費は、昨今の人材不足により増加傾向にあります。必要なスタッフ数が集まらず、また退職も相次ぐことから、さまざまな媒体に求人広告を出し続けて利益圧迫要因となっている宿泊施設もあります。ただ求人広告を出し続けるのではなく、応募が少ない、人手不足に陥っている真因は何か見極めて対策を講じた上で、必要最小限の予算で広告出稿を行うことが望ましいと言えます。

6．営業所費の適正化

　営業所の家賃、光熱費、外注人件費など、各営業所の売上貢献度を測定し、費用対効果が不十分な場合は、撤退や規模縮小を検討しましょう。過去の営業方針の延長で拠点を維持している場合は、聖域なく見直すことが重要です。

7．外注費の適正化

　外注費には、清掃、接客、調理スタッフの派遣、売店運営など多くの項目が含まれ、人件費が大部分を占めています。外注委託会社の見積もりを精査し、コスト増加の理由を明確にしましょう。条件が合わない場合は、内製化も検討し、クラウドサービスの活用で管理業務のコストを抑えることも可能です。

　清掃費の削減には、清掃頻度の見直しも有効です。連泊プランの販売を強化し、連泊客には清掃をスキップする代わりに館内利用券などの特典を提供することで、清掃スタッフの負担を軽減し、コスト削減を図ることができます。

8．備品消耗品費の適正化

　客室アメニティや調理器具などの消耗品費は、予算と実績を常に把握

し、不要な支出を抑えることが大切です。同じ業者への発注を続けるのではなく、年に一度は他の業者からも見積もりを取り、コストを最適化しましょう。

9．修繕費の適正化

　修繕費は、建物の維持管理において毎年一定の計画的な支出が求められます。特に、建物付属設備や客室の修繕が必要な場合、計画的に実施することで、長期的な費用負担の軽減を図ります。修繕費を抑えるために、短期的な支出を抑えるのではなく、中長期的な視点での修繕計画を立案し、実行することが重要です。

10．保守管理契約の見直し

　システム機器や厨房機器の保守料は高額になることが多いため、専門業者に見積もりを依頼し、予算内での対応を検討します。設備交換時には、イニシャルコストだけでなく、メンテナンス費用も含めて総合的に判断することが重要です。

11．業務効率の向上によるコスト適正化

　業務効率化も、コスト適正化の重要な一環です。セルフサービスの範囲拡大、ロビーでのドリンク提供や客室へのバゲージ運び、チェックイン業務のセルフ化等は、さまざまな宿泊施設で取り組みされていますが、さらに踏み込んで全社的な効果を生み出すためには、次のようなステップで取り組みを行うことが効果的です。

(1) 業務の洗い出し

　業務の効率化を図るためは、まず、各部署の業務を完全に理解する必

要があります。業務の頻度（日次、月次、年次）に基づいて、出勤から退勤までの時間帯で各スタッフが行っている業務を一覧にまとめます。その際に、各業務にかかる時間、必要な人数、作成する文書や資料、準備する料理の数、食器の数などを記録することが重要です。

(2) 不要な業務の削減

業務の一覧が完成したら、削減可能な業務を特定します。例えば、「時間のかかる手作業」、「社内外の連絡」、「確認作業」、「費用対効果の低い業務」などが削減対象になります。これにより、人件費の削減と労働生産性の向上を図ります。

(3) 業務の統合

次に、同じまたは類似の目的を持つ複数の業務を1つにまとめて効率化を図ります。例えば、フロント業務では、チェックイン、チェックアウト業務を統合し、予約データを活用して料飲部門の負荷軽減を図るなどの方法があります。清掃と備品管理、発注、メンテナンスの統合も、業務の効率化に寄与します。

(4) 業務の再配置

業務の統合が完了したら、次は業務フローまたは部署間の役割分担を見直し、効率化を図ります。例えば、フロント業務を顧客対応に特化させ、会計やマーケティング業務は別の担当者に再配置することが有効です。また、料飲部門のメニュー開発を外部に委託するなどして、効率を高めることもできます。

(5) **業務の単純化**

　業務の再配置が完了したら、次に業務の単純化を検討します。業務の単純化とは、内容をシンプルにして効率を上げることを指します。例えば、資料の内容を運営に必要な情報に絞り、帳票や報告会資料をシンプルにする、作業頻度を減らすなどが効果的です。また、承認プロセスの見直しを行い、無駄な会議や報告を削減することも業務効率化につながります。

(6) **業務のシステム化**

　業務の単純化が完了したら、次は業務のシステム化を検討します。システム導入は業務効率化の１つの手段ですが、全ての問題を解決するわけではありません。離職率の高い職場では、システム化の前にその原因を特定し、対策を講じることが先決です。また、過去の方法に固執する職場では、システム化が難航することが多いため、職場全体の意識改革も必要です。

経営管理編チェックシート

☐ 宿泊業特有の業績管理指標の算出方法を理解し、施設形態によって異なるベンチマークを把握しておくことが大切である。具体的にはGDPとDOPを理解する必要がある。

☐ 中期事業計画は経営の羅針盤である。宿泊業では、各部門の運営数値目標、ハード・ソフト両面の投資プラン、顧客に提供する付加価値、それと実現するためのアクションプランを検討することが重要である。

☐ 近年、外国人従業員が増加しているため、計画やアクションプランについて外国人従業員が理解できるようにする工夫が求められる。

☐ 宿泊業の収益力を見る上で最も使用される指標はRevPAR（販売可能な客室1室当たり客室売上）。RevPARは客室平均稼働率×客室平均単価（ADR）に分解される。稼働室数は、更に、販売日数×客室平均稼働率（OCC）に分解できる。販売可能日数はコントロールできないため、ADRとOCCの向上がRevPAR向上には必要である。

☐ 宿泊業は業態により目標とすべきOCCが異なり、業態や館の状況に応じた目標設定が必要である。OCC向上を目指すにあたってはOCCが目標を下回る要因の分析から着手する。

☐ ADRは業態や施設のグレード、立地によって千差万別であり、どの程度のADRを狙うかはその施設が成功するか否かを決める重要な要素である。ビジネスホテルなどの宿泊主体ホテルでは客室価格でのみADRが決まり、旅館では食事込みの価格でADRが決まり、業態によって取れるADR向上施策は変わる。

□　Webマーケティングは、インターネットを活用して宿泊予約を増やすためのマーケティング手法である。インターネット上で選ばれる施設になるべく「魅力的な情報発信」と「印象に残るコミュニケーション」が重要。

□　宿泊業は、建物の運営・維持管理にかかる固定費が高く、宿泊者の季節変動や予期せぬ需要の低下が起こりやすい業界である。そのため、売上や利益が不安定になりやすい傾向にある。経営の安定化を図るには、コスト適正化が重要なポイントになる。好調なときにこそ、無駄な支出を抑え、経費を引き締める必要がある。

> **コラム**

サービスリストラの着眼点

　今後、ますます働き手不足が深刻化します。限られた人的リソースで事業を行うには、定期的にサービスの棚卸を行い廃止するサービスを検討・実行すること（以下、サービスリストラ）をお勧めします。最も来てもらいたいと想定する顧客像（以下、ペルソナ）にとって価値があるサービスかどうか。ペルソナの立場に立った時に顧客満足につながらないサービスや一貫したブランドコンセプトにならないサービスを廃止します。その際にも第3章コラムで言及した「狩野モデル」の活用が有効です。限られたリソースを最も効果的に活用し、顧客満足度を向上させることができます。

1．狩野モデルの「無関心品質」「逆品質」
　第3章コラムで説明した通り、狩野モデルは、顧客満足度に基づいて商品やサービスの品質を「当たり前品質」「一元的品質」「魅力的品質」「無関心品質」「逆品質」の5つに分類します。本コラムでは「無関心品質」「逆品質」について取り上げます。図表1は狩野モデルの分類と宿泊業における例を示しています。

2．マッピングによる明確化
　例えば、図表2のようにマッピングします。どのサービスが「逆品質」や「無関心品質」に該当するかを明確にして関係者で共通認識を持つことができます。

第4章　経営管理編

図表1　狩野モデルと宿泊業における例

	品質の分類	内容
1	無関心品質	・顧客満足度に影響を与えない品質です。これらが提供されても顧客にとって特に重要ではなく、満足度や不満足度に影響を与えません。 ・例えば、想定する顧客が利用しない特定のテレビチャンネルやスポーツ番組の提供、特定の新聞の無料配布など。
2	逆品質	・提供されることで顧客の不満を招く品質です。顧客が望んでいない意向が含まれている場合、これが逆品質になります。 ・例えば、スパやレストランなどのサービスの過度な案内、強制的なアクティビティ参加、過剰なセキュリティチェックなど。

出所：『狩野紀昭、瀬楽信彦、高橋文夫、辻新（1984）「魅力的品質と当たり前品質」日本品質管理学会『品質』14⑵:39-48.』を参考に山田コンサル作成

図表2　マッピングによる明確化（例）

	当たり前品質	一元的品質	魅力的品質	無関心品質	逆品質
機能的ベネフィット	・清潔な部屋 ・快適なベッド ・エアコン/暖房 ・24時間対応フロント	・無料Wi-Fi ・最寄り駅までの送迎 ・ルームサービス ・ランドリーサービス ・ミニバー	・充実したアメニティ	・特定のテレビチャンネルの提供 ・スポーツ番組の提供 ・特定の新聞の無料配布 ・部屋の電話機	・過剰なセキュリティチェック
情緒的ベネフィット	・親切なスタッフ ・リラックスできる環境	・受付時のアイスタオル ・風呂上がりのアイスやドリンク	・サプライズギフト ・季節ごとのイベントなど特別な体験	・特定の音楽チャンネルの提供 ・特定の装飾品	・強制的なアクティビティ参加
自己表現ベネフィット		・高級感のあるデザイン ・エコフレンドリーな施設 ・オーガニック・ヘルシーな食事のオプション	・地元アーティストとのコラボレーション ・リムジンでの送迎 ・文化体験プログラム ・独自のブランドイメージ	・特定のブランドのアメニティ ・特定のテーマのイベント ・特定の地域の観光・パンフレット	・スパやレストランなどのサービスの過度な案内 ・強制的なエコ活動参加 ・過剰なソーシャルメディアシェア要求

出所：山田コンサル作成

3．サービスリストラの着眼点

　特に「逆品質」に分類される要素は即座に廃止し、「無関心品質」に分類される要素はリソースの無駄を避けるために見直すことが重要です。ペルソナにとって価値があるかが着眼点です。そのため、継続的な顧客アンケートを実施して、当該結果に基づき検討・実施することが効果的です。同じサービスでもペルソナによって廃止すべきか否かは異なる結果になる点にご留意ください。また、ブランドコンセプトと一貫していないサービスも廃止すべきです。

4．効率的なリソース配分の留意点

　狩野モデルを活用して、ペルソナの立場に立って、顧客満足度に最も影響を与えるサービスや独自性のあるサービスにリソースを集中させます。留意点は、リソース配分の優先順位です。独自性のあるサービスを充実させるため「魅力的品質」を優先したくなりますが、「当たり前品質」、「一元的品質」、「魅力的品質」の順番で不足がある箇所を充足してから「魅力的品質」を充実させることがポイントです。また、1つ1つのサービスではなく、ペルソナにとってブランドコンセプトと一貫したサービスになっていることが何よりも重要です。

図表3　サービスリストラの着眼点

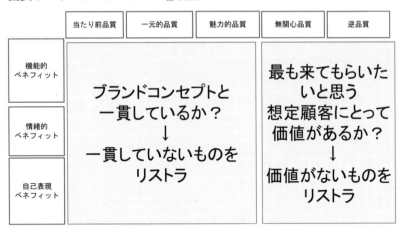

出所：山田コンサル作成

図表4　効率的なリソース配分

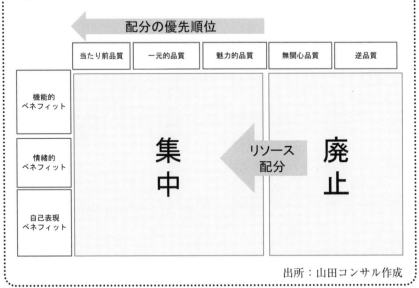

出所：山田コンサル作成

第5章

開発計画編

22　宿泊施設開発の流れと留意点

Q 日本各地で宿泊施設の開発計画が活発化していますが、宿泊施設開発の流れと留意点を教えてください。

POINT 宿泊施設開発には、基本構想から運営にいたるまで多くのステップがある。施設の種類やターゲット市場の選定、ロケーション、資金調達、設計デザイン、建築コスト管理、人材確保・育成や組織文化の構築など、多岐にわたる要素が開発に大きな影響を与える。また開業後の運営について、自前で行うのか、運営事業者（オペレーター）に任せるかで、事業主体者の意向を反映できる範疇や収益の分配方法が変わってくる。これらを踏まえ、開発時には、事業主体者は多くの関係者と連携しながら適切かつ迅速に意思決定を行うことが重要となる。

A

1．開発の全体像

宿泊施設の開発は、大きく分けて3つのフェーズに分かれます。事業主体者は企画から開業までの一連のプロセスを把握することで、効率的かつ円滑にプロジェクトを進めることが可能となります。

(1)　フェーズ1：実現可能性調査

まず開発企画の実現可能性を調査することで、本開発企画は適切な投資回収が見込まれ、事業推進に資するプロジェクトかどうかを判断します。

実現可能性調査では、まず市場調査やロケーション選定、施設のコン

セプト設定が行われます。市場調査では、ターゲットとなる顧客層や開発地域における競合他社について理解します。ロケーション選定では、アクセスが良好で、需要が見込める場所かどうかを判断します。またコンセプト設定はターゲット顧客の嗜好にあったハード、ソフト両面での基本構想を検討します。ハード、ソフト両面で企画内容に一貫性があることが求められます。

次に、運営方法を検討します。宿泊施設は所有と運営が分離する不動産であることから、事業主体者はどの役割までを担うのかを検討します。所有直営であれば、開業後の具体的なオペレーションについて踏み込んだ検討が必要となります。運営を他社に委託する場合には、どこのホテル運営会社に委託するか、またその委託契約方法について明確にします。

これらの事業マスタープランを踏まえ、収支・投資計画のイメージを描きます。この時点では事業参入の初期検討段階として、本開発計画は投資回収が見込まれ、今後プロジェクトを進めるに値するのかを検討することを目的とします。

(2) **フェーズ２：事業化計画の策定**

実現可能性調査を踏まえ、資金計画および資金調達方法を検討します。金融機関から資金を調達する場合には、前述の検討内容を事業計画書として明文化する必要があります。具体的に事業計画に盛り込む内容として、事業面においては市場調査結果や開発する業態・施設コンセプト等の収支計画の前提となる情報、財務面においては投資予算、収支計画、返済計画が挙げられます。また建築面においては完成パース図や基本設計図を用意します。金融機関が行内で検討する際に、事業主体者と面談を重ねます。追加の資料の提出を依頼されるケースもあることから、継続的な対応が必要となります。

次に、資金調達の目途が立ってきたら、実施設計および施工業者の選

定を行います。建物の構造や設備の詳細を決め、施工に必要な図面を作成し、それを基に工事費を算出、確定します。また並行して建築確認申請等の手続きを行います。投資予算内におさまっているか、仮に予算超過する場合はどのように調整するかを意識しながら、事業化計画の見直し、修正を繰り返します。

　また、事業具体化の段階では、設計・施工に関する業者はもちろんのこと、運営を他社に委託する場合には運営会社の開発チーム、また施設に納入する備品やITシステム関係の業者など多くの関係者との連携が求められることから、コミュニケーション能力やプロジェクトマネジメント能力が求められます。

(3)　フェーズ3：開業準備・開業

　宿泊施設は建設して終わりではなく、開業してからが始まりです。開業後、施設の価値を維持・向上させるためには、集客のためのマーケティングや安定した施設オペレーション、施設管理が必要であり、どれも欠かせません。またサービス品質管理も必要であり、お客様から指摘を受けた内容についてはリアルタイムで改善活動を行うことが求められます。さらには、その施設で働く人材マネジメントも重要です。施設規模が大きくなり、また提供するサービスが多岐にわたれば、その分管理する負担も重くなるため、複数人でチームアップして役割分担する必要があります。

　開業後も施設の状況を常に把握し、市場の変化に柔軟に対応することで、競争力を維持し、持続的な成長を実現することが可能となります。

第 5 章　開発計画編

図表 1　開発のプロセス

実現可能性調査	事業化計画	開業準備・開業
✓ 市場調査	✓ 資金計画	✓ 各種検査・許可取得
✓ ロケーション選定	✓ 収支計画	✓ 家具・備品の配置
✓ 運営方法の検討	✓ 基本・実施設計	✓ 建物引き渡し・竣工
✓ 事業企画・コンセプト策定	✓ 建築・施工	✓ スタッフトレーニング、マーケティング等

出所：山田コンサル作成

2．開発の留意点

(1) 事業の目的を明確にする

　宿泊事業に新規参入するにあたって、事業の目的や事業を通じて社会にどのような価値提供をしたいのかを意識することが大切です。宿泊事業を行うことは、地域の観光関連業の活性化につながり、雇用を生み、一次産業、二次産業の振興にもつながります。発意の段階で、事業の目的や提供する付加価値を明確にすることで、方針がブレることなく、迷いが生じた際の意思決定の指針となります。

(2) 事業ストラクチャーを決める

　宿泊事業を実施する際には、どの役割を担うのかを明確にすることが重要です。第1章1節にも記載の通り、宿泊業は所有、経営、運営が分離していることが多いため、自社がどの役割を果たすのか明確にする必要があります。もちろん、所有、経営、運営の全ての役割を自社で担うことも可能です。この場合は、所有直営型の事業ストラクチャーを採用することになります。不動産の所有のみを担い、ホテルのオペレーションは専門の運営会社に委託するという選択肢もあります。

どの役割を担うのか決定した後に、フランチャイズに加盟するか否か判断します。フランチャイズへ加盟するメリットは、既存のホテルチェーンのブランド名や運営ノウハウを獲得できることです。既に構築されているブランド力を借りることで、消費者にとって信頼性の担保につながるとともに、当チェーンに加盟している会員による予約獲得により安定した集客が期待されます。デメリットは、ロイヤリティの発生により利益が圧迫されることです。事業戦略、メリット、デメリットを考慮して、適切な方式を選ぶことが大切となります。

(3) ターゲティングと立地選定

施設の開発において、ターゲットとなる顧客層と自社の提供価値を明確にし、適切なホテルタイプを選択することが重要です。例えば、ビジネスホテルは出張客を主なターゲットに、リゾートホテルは郊外で休暇を楽しむ客を主なターゲットにしています。ブティックホテルは、独自のデザインやサービスによって、個性的な体験を提供します。ラグジュアリーホテルは、ハード・ソフト両面での最高水準のサービスを提供し高級感を追求します。近年では、顧客層の「ハイブリッド化」が進んでおり、ビジネスホテルであっても、平日は出張客、休日は観光客をターゲットにするなど、複数の顧客層をターゲットにすることが一般的になっています。これは特に、客室数の多い大型の施設や都市部の施設において顕著です。

また併せて、立地条件の検討も大切です。ターゲット市場によって、良い立地の定義は異なります。一般的には、アクセスが良く、周辺に観光資源やビジネス施設が集まっていることが望ましいです。また、市場調査を行い、中長期的に需要が安定して見込まれるエリアを選ぶことが大切です。

(4) プロジェクトのコスト管理

　宿泊施設の開発には、多額の投資資金が必要となります。最もコストがかかるのが建設費です。設計施工の発注時にコンペティションを実施して適正なコストで業者を選定することが重要です。また、建築費を抑えるために、利害関係のない第三者であるコンストラクションマネージャーを活用することも効果的です。開業に必要となるその他の主な費用として、開業スタッフの人件費、プレスリリースや広告にかかる費用、ホームページの制作費等が挙げられます。また、金融機関や投資家からの資金調達に伴う費用も重要な要素です。これらの各種費用を軽減するためには、補助金や助成金の活用可能性についても検討することが望ましいでしょう。

　開発コストを抑制するために、事業主体者の迅速な意思決定が期待されます。意思決定に時間を要することで、工期の遅れや材料費の高騰が発生し、建築費用が当初の予定よりも大きく膨れてしまうケースがあるためです。

(5) 人的資本

　オペレーターや総支配人の戦略的な運営方針に沿った人材採用方針や人材教育方針を定め、開業予定時期の数カ月前からオープニングスタッフを採用します。施設の組織文化の核を形成していくことを目的として、ビジョン（何を目指すのか）、バリュー（共通の価値観）、クレド（行動指針）等を、これから働く従業員へ浸透させます。労働集約型産業である宿泊業では、人材が企業の目標達成において重要な資本であり、各スタッフが責任をもって臨機応変な顧客対応を実現するうえでも重要なプロセスとなります。

(6) 法律の遵守や各種制度

　宿泊施設には、遵守すべきさまざまな法規制が存在します。開発時に

は、旅館業法、建築基準法、消防法が挙げられ、更に各自治体の条例も遵守することが求められます。開業後も遵法性を意識した定期的な検査対応が必要となります。

　また、宿泊業界にはさまざまな格付け機関による評価制度や、環境に配慮した施設の認証制度があります。近年では、環境配慮の取り組みが特に重視されており、社会的評価を高めるためにも重要な要素となっています。例えば、省エネルギー設計、廃棄物の削減、脱プラスチック備品や消耗品の使用などが挙げられます。これらの認証を取得することで、消費者からの信頼性やブランド力を高めることができます。

第5章 開発計画編

23 事業構想時におけるポイント

Q 宿泊事業の発企および構想時の主な留意点を教えてください。

POINT 事業の発企および構想時には、推進プロセスの全体像を理解しながら、各専門家やパートナーと協働していくことが求められる。自社で事業用地を確保していない場合は、不動産仲介会社から物件情報を取得します。次に、対象の事業用地にどの程度のサイズの物件が建築できるのかを設計事務所に確認する。そのうえで、リサーチ会社を活用する等して地域の宿泊マーケット調査を行い、概算収支の策定を行う。事業化決定後は、施設の運営会社を選定し、構想内容や事業収支の具体化を行う。また資金調達が必要な場合は、並行して投資家への交渉を行う。このように複数の事案を同時に推進して、意思決定を速やかに行うことが重要である。

A

1．適格な不動産の選定と初期投資判断

不動産の選定は、新築物件の場合、事業用地の取得から始まります。自社で既に事業用地や遊休不動産を有していない場合には、不動産仲介会社等から売土地の情報を取得します。

不動産情報を取得したら設計事務所や建設会社の設計部門に依頼をして、ボリュームチェックをしてもらいます。ボリュームチェックとは、対象となる事業用地に宿泊施設が建築可能か、建築できる場合は、建築物および延べ床面積の最大値を算出することを意味します。

都市計画法では、市街化区域内における用途の混在を防ぐ目的で用途

地域が定められており、その土地の用途を制限しています。原則として、住居専用地域や田園住居地域、工業地域や工業専用地域では原則として宿泊施設を建築することができません。また市街化調整区域や非線引き区域においても原則としては同様の扱いとなります。

　仮に宿泊施設の建築が可能な場合でも、高さ制限や日影規制等の建築基準法や条例による法的な形態制限により、基準の容積率を最大に活用できるとは限りません。また形態制限だけでなく、施設内に特定の機能の設置を義務づけたり、外観の素材、色調を制限したりする条例がある地域もあります。専門家にボリュームチェックを依頼することで、最大でどの程度の延べ床面積の宿泊施設が建築可能になるかを把握します。

　延べ床面積の推算ができたら、そこにレンタブル比を乗じます。レンタブル比とは賃料を得ることができる有効面積のことです。宿泊施設では収益を生む床面積のことを指し、具体的には、客室、レストランや宴会場、売店が含まれます。レンタブル比は施設の形態によって異なります。例えば宿泊主体型ホテルは、目一杯の客室を造ることで客室単価を下げることを狙うため、目安は75％程度となります。一方、ラグジュアリーホテルは共用部にゆとりをもって造り、付帯施設の充実を図るため、目安は50％程度となります。

第5章　開発計画編

図表1　レンタブル比

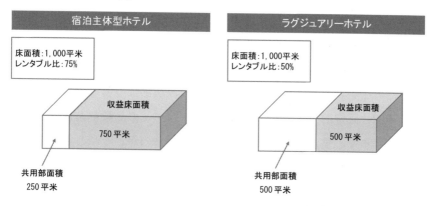

出所：山田コンサル作成

　延べ床面積のうち客室に充てる面積が確定したら、客室数の推算を行います。客室面積もレンタブル比と同様に、宿泊施設の形態によって異なります。例えば宿泊主体型ホテルはシングル11平米～15平米、ツイン18平米～22平米が目安となります。一方、ラグジュアリーホテルはシングルの客室は造らず、ツイン50平米～70平米、デラックスやプレミア等の客室は80平米以上、スイートは100平米以上が目安となります。施設のルームミックスを考え、どのタイプの客室を何室造るのかを決めます。

　部屋タイプとタイプ別の室数が確定したら、各部屋の客室単価を設定します。客室単価は、外部のリサーチ会社やオンライントラベルエージェントのサイトを活用して、地域の相場を調査することが一般的な手法です。

　建築可能な延べ床面積、レンタブル比、ルームミックスを設定すると、対象用地にホテルを建設した場合の年間売上高の上限を概算で把握することができます。ここに稼働率を乗じることで、売上高を現実的な水準に調整をかけていきます。

次にコストの概算を行います。各コストの内容や水準は、提供するサービスの範囲や手厚さ・品質によって異なります。ラグジュアリーホテルは高級な備品・アメニティを置き、手厚いサービスを実施するための人員配置を行い、高級食材を活用した料理を提供するためコスト負担は重くなります。一方、宿泊主体型ホテルに高級感は不要ですし、サービスの範囲は限定的であるため、備品・アメニティの品数や人員数も少人数で済みます。また、施設の運営を自前で行うのか、それとも専門の運営会社に委託するのかでもコストの概算に織り込むべき内容は変わってきます。さらには、建物を有している期間は、安全性やハード面の質の維持の観点から、毎年一定額の修繕費や資本的支出が発生するため、その点も考慮する必要があります。

　前述のようにコストの概算を行うことで、収支の概算が可能となります。当施設が年間おおよそどのくらいの利益を生み出すのかを把握して、さらには同程度の収益性が継続する前提で、中長期的にどの程度の利益が累積されるかを把握します。ここでいう利益とは、ネットキャッシュフローのことであり、償却前営業利益から金利、税金、資本的支出を支払ったあとに残ったキャッシュのことを指します。一定期間で累積されたキャッシュが、本開発プロジェクトの投資額の目安となります。なお期間の判断はさまざまですが、一般的には15年〜25年程度となります。

　最後に投資額の概算を行います。投資額は、土地代、建築設備工事費、内装費、開業前費用、開業前人件費、租税公課、金融費用の総額となります。

　土地代は、売事業用地の情報をもらった際に、希望売却価格を確認します。建築費は、推算した延べ床面積に建築単価を乗じて算出します。建築単価は情勢等により常に変動していますので、その時点での単価を調べて概算を実施します。内装費や開業前費用は、共用部や客室内、ま

たバックオフィスの家具・什器・備品類、アートワークや館内サイン、ホテル運営に必要な基幹システムや自動チェックイン機、自動精算機、POSレジ、従業員が着用するユニフォーム、客室消耗品やリネン等、多岐にわたります。また開業に際して発生するPR・販促費、コンサルタント等の外部専門家への費用も含みます。開業前人件費は、開業準備に関与している外注人材や、開業前から採用するスタッフの人件費となります。開業時から質の高いサービスが提供できるように、開業前からトレーニングを行うことが一般的です。租税公課は、固定資産の取得にかかる税金となります。金融費用は、資金調達に要する費用を指します。

　投資項目について、抜け・漏れ・ダブりが無いかを1つ1つ丁寧に確認することが大切です。なお運営を外部に委託する場合には、運営会社からブランドスタンダードに合わせた内装仕様や配置する家具・什器・備品の指定、仕入れルートを指定されることもあります。また開業支援費用が発生するケースもあります。

　これらの投資額よりも、一定期間の累積利益（ネットキャッシュフロー）が上回るかどうかが、事業化を決定する際の判断材料となります。

2．事業パートナーへの打診

　施主の投資採算の基準をクリアできたら、次のステップとしてパートナーへの打診を実施します。この時点で打診するパートナーは、オペレーター（ホテル運営会社）とレンダー（金融機関など）になります。施主が自前で施設の運営を行わない場合はオペレーターに対して、計画中の施設を運営してもらえないか打診をします。また、施主が全て自己資金または出資で賄えない場合は、レンダーに対して融資の依頼を行います。建築ボリュームチェックを実施した際に作成した建築プランや施設のイメージ、初期投資判断時に作成した損益シミュレーションを資料と

して用意して事業パートナーとの商談を実施するのが好ましいです。一般的には、複数回のやり取りを重ねるため、この打診活動は数カ月続きます。

　オペレーター側としては、自社の出店基準に適しているか、集客に適した魅力的な地域であるかなど複数の観点で精査を実施します。また自社のブランドスタンダードに適合させるために、さまざまな要件を提示してくることもあります。施主側は自分たちの造りたい施設と、オペレーター側の条件のバランスを取りながら交渉を行います。有名・大手のオペレーターになればなるほど、要件が細かく、オーナー側の自由度が低くなるのが一般的な傾向です。

　レンダーは、本プロジェクトが融資実行するに値するかを複数の視点で検討します。当該事業から生み出されるキャッシュフローや開発する施設の資産価値、更には施主の与信力や担保力などを考慮して、総合的に判断します。開発する施設の規模が大きくなると、特定の金融機関が単独で融資するだけでなく、複数の金融機関が連なることもあります。金融機関によって事業性の評価や融資判断の基準は異なるため、審査に時間がかかることもあります。またオペレーターの与信が融資判断に影響することもありますので、必要に応じてオペレーター側へ協力依頼します。

3．解像度の高いマスタープラン策定

　資金調達の目途がついてきたら、マスタープランの策定を行います。これまでのプロセスのなかで大枠固まった事業面の構想、財務面の数値計画の解像度を高め、具体化をしていきます。

　まず設計を依頼する設計事務所を決定して、基本設計を依頼します。基本設計を行うことで、今回開発する物件の構造や工法、設備仕様、仕

様材料、外観デザイン、各階の平面図や断面図などが明確になります。基本設計からは、オペレーターにも協議に参画してもらい、運営サイドの視点も含めながら設計プランの深度化を行います。

　基本的な図面と仕上表ができたタイミングで、建築会社に建築見積の依頼を行います。ここでは2〜3社のゼネコンに見積もりを依頼して、相見積もりを実施するのが一般的です。基本設計の段階で8割程度の精度の建築費が算出されます。

　なお、基本設計および建築見積のタイミングから、コンストラクションマネージャーを活用するケースもあります。コンストラクションマネージャーは設計、工事を中立的な視点でアドバイス、マネジメントを行う専門家であり、施主（本開発のオーナー）の右腕となって意思決定の支援をしてくれます。新規開発の経験が浅い施主ほど、工事全体のプロジェクトマネジメントや建築・建材コスト適正化のために自ら主体的に動くことは難しいため、外部の専門家を活用することを推奨します。

　上記のプロセスで投資費用が固まったのち、損益計画の高度化を行います。具体的には、既に前段で策定した概算収支の精度を高めるための作業を実施します。

　事業パートナーとしてオペレーターを活用する場合は、一般的にはオペレーターが収支計画を策定してくれますので、その内容をベースに最終化を実施することになります。ホテル物件を数多く運営しているオペレーターほど、豊富なホテル開発、運営の実績を有しているので、より精度の高い収支計画が提案されることが期待されます。一方、業歴浅く、開発・運営実績の少ないオペレーターは、運営の機会を得るために強気の収支計画案を提案してくることが少なくありません。オペレーターに運営を委託する場合は、営業実績に応じて委託報酬が発生するため、営業損益から委託報酬分を控除したうえで、最終的な施主の利益の手残り

を算出します。

　なお、一括賃貸借（マスターリース）型でも、同様のプロセスとなります。しかしマスターリース型の場合は、施主は運営会社（借主）から賃料を受け取る側となるため、オペレーターへの委託料の支払は発生しません。

　オペレーターに運営を委託しない場合は、自社で収支案を作成することになります。例えば売上項目は、客室売上、料飲売上等に分解した上で、客室売上であれば客室単価×販売客室数、料飲売上であれば客数×単価といった形に要素分解していきます。また、料飲部門は時間帯により客数や単価が異なりますので、時間帯に分けて客数や単価を設定し、売上見込み額を計算します。

　次に、費用項目に関しても、勘定科目ごとに見込み額を計算します。ホテル業において発生する費用に占める割合が高いのは、料飲材料費、婚礼材料費、人件費、水道光熱費、送客手数料、消耗品費、支払利息、修繕費、減価償却費です。修繕費は開業から一定期間経過後に段階的に増加していきます。また、減価償却費は貸借対照表の資本的支出と関連して発生します。外部に発注する項目は、併せて業者に見積もりを依頼することで、より各費用科目の蓋然性を高めることができます。例えば、客室清掃やリネン類等は、外注するケースが多いですが、物価上昇やエネルギーコスト上昇の影響による価格転嫁により、過去よりも上昇基調にあります。このような点に留意せず、過去の実績や一般論を反映させてしまうと、開業後に実態と乖離が発生するリスクが生じます。

　また、自社で収支案を作成する際は、投資回収が実現する見込みの年までの将来収支シナリオを作成しますが、そのシナリオの前提の定義（与件設定）も作成時の重要なポイントとなります。例えば、費用項目のなかでもパート・アルバイト人件費は過年度で一定ではなく、毎年成

第5章 開発計画編

長率を乗じて上昇基調になります。仮に雇用している人数や労働時間は過年度で変化が無くても、政府の賃金引き上げ施策により最低賃金は3～4％の上昇が見込まれるため、自社の力が及ばないトレンドを収支シナリオに反映させることは必須です。

マスタープランや収支・投資計画は融資判断の材料となるため、レンダーへの提出が必須となります。レンダーは受領した収支案について、勘定科目の粒度やモデリングされている数値の適切性・妥当性を評価します。レンダーがホテル業に明るくない場合やプロジェクトの規模が大きい場合には、コンサルタント等の外部専門家にレビューを依頼するケースも多く見受けられます。レンダーは営業店で対応している事案を融資部や審査部に行内稟議を上げ、最終的な融資判断を下す際に、外部専門家のレビューは判断材料として非常に有効なものとなります。事業者の費用負担となりますが、ホテル新規開発を成功させるための必要コストとして外部専門家の活用を推奨します。

図表2 事業構想における主なポイントの整理

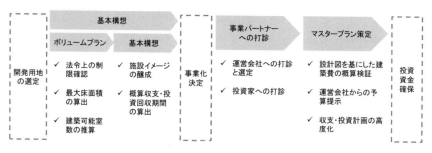

出所：山田コンサル作成

24 運営委託契約のポイント

Q 宿泊施設の運営を他社に委託する際のポイントを教えてください。

POINT 運営を他社に委託する際のストラクチャーは大きく二分される。不動産賃貸借契約に基づくリース方式と、準委任契約に基づく運営委託方式である。リース方式は、一括賃貸借方式、サブリース方式とも呼ばれる。また運営委託方式は、マネジメントコントラクト方式、MC方式とも呼ばれる。リース方式においては、主に賃貸借期間、賃料、敷金・保証金、修繕負担区分を、運営委託方式においては、主に業務委託内容、契約期間や契約解除事由、委託報酬、従業員の取り扱い、不動産オーナー承認範囲の論点を中心に取り決めを行う。日本国内においては、これまではリース方式が一般的であったが、近年は宿泊施設の所有者にあたる不動産オーナーと運営会社にあたるオペレーターが協力して事業を行う運営委託方式が増加してきており、スタンダードになりつつある。不動産オーナーとオペレーターは一蓮托生の事業パートナーであることから、契約書で取り決めた内容について細部までよく理解し、とりわけ報酬設定やオーナー承認の範囲については、後々トラブルにならないよう留意することが大切である。

A

1．リース方式と運営委託方式の違い

リース方式は、借地借家法に定められた賃貸借契約の類型として、普

通賃貸借契約と定期賃貸借契約の2つに分けられます。普通賃貸借契約は、契約期間満了時に正当事由が無ければ、契約が自動的に更新されます。その為、契約期間満了後の更新について、賃貸人である不動産オーナーは基本的には拒絶することができません。一方、定期賃貸借契約は、正当事由の有無に関わらず、契約書に定められた契約期間が満了すれば、確定的に契約が終了します。

　リース方式と運営委託方式の違いとして、法律上の借地借家法の適用有無が挙げられます。具体的には、リース方式における賃借人であるオペレーターは強く保護されます。そのため、オペレーターは第三者に対する対抗要件が備わり、自己の賃借権を主張することができます。すなわち、宿泊施設の所有者が変わったとしてもそのまま運営を継続することが可能です。一方、運営委託方式では業務委託契約となることから、借地借家法の適用はされません。不動産の所有者が変わることで、解約となる可能性もあります。

　また、損益の分配についても違いがあります。リース方式の場合は、宿泊施設の所有者にあたる不動産オーナーは、運営会社にあたるオペレーターから賃料を得ます。賃料を固定にした場合は、不動産オーナーはホテルの売上・利益の増減に関係なく一定の賃料を得ることができます。一方、運営委託方式の場合は、損益は不動産オーナーに帰属する形となります。そのため、オペレーターは運営委託料を施設の所有者に請求する形となります。運営委託料はベースフィ（売上の何パーセント）とインセンティブフィ（営業総利益の何パーセント）の合算で算出されることが一般的です。ホテルが赤字になった場合でも、委託者である不動産オーナーはベースフィに基づく運営委託料の支払が発生します。　リース方式は一般的な不動産賃貸業と同様の契約形態であると捉えることができます。運営委託方式との違いは、経営の主体者や事業損益の帰属の

違いであると言えます。

図表1　リースと運営委託方式の主な特徴

	リース方式	運営委託方式
法形式	✓ 借地借家法が適用される	✓ 準委任契約が適用される
不動産オーナー視点	✓ オペレーターから賃料を受け取る ✓ ホテル従業員の雇用主にはならない	✓ オペレーターへ委託報酬を支払う ✓ ホテル従業員の雇用主となる
オペレーター視点	✓ 不動産オーナーに賃料を支払う ✓ ホテル従業員の雇用主になる	✓ 不動産オーナーから委託報酬を受け取る ✓ 人材の選任、採用権限をもつことが一般的であり、ホテル従業員の雇用主にはならない

出所：山田コンサル作成

2．運営委託契約について

　本項では、説明を分かりやすくするため、所有と経営の機能は同一法人グループが担うものとします（所有、経営、運営の分離については、第1章第1節をご覧ください。）。

(1) 運営委託方式の特徴

　不動産オーナーにとって、運営委託方式には主に以下のようなメリットが挙げられます。

① 専門性の高い施設運営

　オペレーターは宿泊施設運営のプロフェッショナルであるため、効率的かつ高品質なサービスを提供することが可能です。

② ブランド力の活用

　オペレーターが有名ホテルチェーンであれば、そのブランド力を活用した認知度の向上が期待でき、併せて集客力や収益性の向上が期待できます。

第5章　開発計画編

③　知識・ノウハウの獲得

　オペレーターは、不動産オーナーに対して定期的な運営状況報告や情報開示を行います。そのため、不動産オーナーは運営の知識やノウハウを身に着けることができます。

一方、以下のようなデメリットも存在します。

①　直営に比べて収益性が低い可能性

　オペレーターに一定の運営委託報酬を支払う必要があるため、所有直営型に比べて収益の手残りが低くなる場合があります。

②　運営会社の意向の反映

　オペレーターは多店舗展開を行うために、オペレーションやサービスの標準化を目的とした業務標準（スタンダード）を設定しています。そのスタンダードに沿った建築設計や運営を行うことが求められるため、オーナーの自由度が低くなる場合があります。

③　運営会社との利害の対立

　不動産オーナーとオペレーターの利害が一致しない場合、意思決定が遅れ、円滑な運営が困難になることがあります。

(2)　業務委託内容の取り決め

　不動産オーナーは自社もしくは個人で有する建物をオペレーターに運営委託することから、どのような内容を委託するのかを明確にしておくことが重要です。特に宿泊施設の経営・運営業務に携わったことが無い不動産オーナーほど、第三者の専門家等を活用して、委託する業務内容の妥当性や網羅性を検証することを推奨します。代表的なものとして以下が挙げられます。

　・宿泊者の受け入れ、予約の管理

　・マーケティング、販売促進

　・営業、渉外活動

・仕入、購買

・経理、財務管理

・人材の採用と育成、労務管理

・固定資産の維持管理

・リスク管理

　上記項目について、実務上は更に細部の取り決めを行います。良好な関係を中長期的に構築するためにも、契約書に明記しておくことが重要です。

(3)　運営委託方式の契約期間と解除事由の考え方

　契約期間は開業日から起算して、概ね15年～20年程度が一般的です。また両当事者の合意があれば、5年～10年程度の単位での契約の更新が行われます。オペレーターは長期的な視点で投資回収を狙うため、長い契約期間を希望します。

　契約の解除事由は、主に2点挙げられます。1つ目は、業績不振です。施設の営業成績が一定の基準を下回り、かつその状態が継続した場合、不動産オーナーに解約権を付与するものです。業績不振に伴う契約解除は、オペレーターが不動産オーナーに対して年度初めに提示する予算と比較した実績を基に判断します。一般的に、営業利益が2期連続でオペレーター作成予算の80％未満となった場合、解約権を行使できるとされることが多いです。また、開業当初は集客が安定しないことから、開業3期目以降から解約権を設定するなど、柔軟に対応するケースも見られます。

　2つ目は、契約相手方の方針転換です。例えば、委託者である不動産オーナーが施設の所有権を譲渡する場合があります。しかし、オペレーターの同意があった場合、譲渡先が不動産オーナーの関係会社である場合は許容することが一般的です。また、受託者であるオペレーターの運

営方針転換もあります。受託型の運営方法をやめて、所有直営型のみの運営に変更するといったものです。

(4) 報酬設定

オペレーターへの報酬は、ベースフィ、インセンティブフィの合計額とすることが一般的です。ベースフィ、インセンティブフィの基準は施設規模やオペレーターによってさまざまですが、ベースフィは宿泊の事業活動で生まれた総売上高に対して、またインセンティブ報酬は宿泊の事業活動でうまれた営業総利益（GOP：Gross Operating Profit）に対して一定割合を乗じて算出します。なおGOPとは、財務会計上の営業利益とは違う考え方であり、不動産を有していることによる費用（減価償却費、固定資産税、火災保険料、不動産オーナーが負担する修繕費など）やオペレーターに対する業務委託費は含めないことが特徴です。

その他、テクニカル・コンサルティングフィ、マーケティング・サポートフィ、ライセンスフィといった名目の報酬が付加されることもあります。テクニカル・コンサルティングフィは、対象となる施設がオペレーターのブランドスタンダードに一致しているかを確認し、適宜アドバイスをしてもらう業務に係る報酬です。マーケティング・サポートフィは、オペレーターによるホテルブランド全体のセールス・プロモーション業務に係る報酬です。ライセンスフィは、オペレーターのブランドの商標の利用に係る報酬となります。

(5) 従業員の取り扱い

運営委託契約においては、不動産オーナーがホテル従業員の雇用主となることが通常です。その一方、人材選任・採用の裁量はオペレーターにあります。とりわけキーマン人材と呼ばれる、総支配人や各部門支配人等の一部のマネジメント層はオペレーターから派遣されます。形式上はキーマン人材の選任時の決定権は不動産オーナーに付与されるものの、

基本的にはオペレーターが選任した候補者に依頼することが一般的です。また円滑な施設の運営を目的として、各従業員への指揮命令も、現場を運営するオペレーターに裁量権があります。そのため、ホテル従業員が利用客に対して損害を生じさせた場合の損害賠償責任の区分や補償負担等、契約段階で明確にしておく必要があります。

(6) その他オーナー承認の範囲

運営委託契約においては、委託者にあたる不動産オーナーの承認内容として主に以下が挙げられます。契約期間内には、定期的に双方で協議のうえ決定していくことが必要となります。

① 年次予算

オペレーターは施設の会計年度に合わせた毎期の収支予算を策定して、翌年度の開始日以前に不動産オーナーから承認をもらいます。主に、以下の内容を中心に予算や見通しを開示してオーナーと協議を行います。

・運営方針
・総売上高、客室売上高、運営費用、GOP
・運営委託報酬
・要職人材の人事に関する内容
・固定資産の新規購入、除却
・修繕積立金の拠出、支出

② 修繕、備品

運営委託契約では、オペレーターから依頼があった場合に承認なしでも直ちに修繕対応ができる設備投資と、不動産オーナーの承認が必要な設備投資の2種類を定めることが一般的です。少額の修繕や備品交換は、年次予算内であればオペレーターの判断で実施可能です。顧客の安全確保や満足度向上はもちろん、販売機会の逸失にもつながる

ため、スピード感のある対応が必要なためです。一方、期初に取り決めした年次予算を超過してしまう場合や、一事案当たりの修繕や備品交換が一定以上の水準となる場合には、不動産オーナーに事前承認を得た上で進めます。なお不動産オーナーの事前承認を要する金額は、不動産オーナーとオペレーターとの間での取り決めとなるため、個別性があります。

(7) 運営開始後の運用

運営開始後は締結した契約内容に基づいて施設の運営が行われますが、運営委託契約が締結された後も、不動産オーナーとオペレーター間で定期的にコミュニケーションを取りながら、不動産価値の最大化を図ることが必要です。具体的には、運営実績が当初契約の内容に見合っているかを把握し、予算との差異状況や問題点などを双方で共有して適宜協議しながら対策を講じることが求められます。また、契約内容を遵守しているかどうかを定期的に確認し、必要であれば契約内容の見直しを行うことも必要です。双方が円滑なコミュニケーションを図りながら資産価値の最大化を図るために、アセットマネジメント会社等の第三者機関を活用することも有効と言えます。

開発計画編チェックシート

- [ ] 宿泊施設開発には、基本構想から運営にいたるまで多くのステップがある。施設の種類やターゲット市場の選定、ロケーション、資金調達、設計デザイン、建築コスト管理、人材確保・育成や組織文化の構築など、多岐にわたる要素が開発に大きな影響を与える。

- [ ] 適格な不動産の選定と初期投資判断、事業パートナーへの打診、解像度の高いマスタープラン策定がプロジェクトの成否を決める。

- [ ] 運営を他社に委託する際のストラクチャーは大きく二分される。不動産賃貸借契約に基づくリース方式と、準委任契約に基づく運営委託方式である。

- [ ] 不動産オーナーとオペレーターは一蓮托生の事業パートナーのため、契約書の内容について細部まで理解する必要がある。とりわけ報酬設定やオーナーの承認の範囲については、後々にトラブルにならないように留意する。

第5章　開発計画編

> **コラム**

不動産開発・投資対象としての「ホテル」

　不動産を開発・投資する場合、どの用途で開発・運用していくのかを検討し、選定します。この場合、ホテルはどのような位置づけとなっているのでしょうか。

　ここでは不動産開発の中心である東京都を対象として、都市型の「ホテル」の状況について述べていきます（リゾートホテルについては対象外とします）。

1．「ホテル」開発及び市場の規模
① 用途別建築着工面積の推移（**図表1**）

　2013年から2019年まで「ホテル」の建築着工面積は大幅に増加し、その後2022年まで減少しています。増加率は2018年で約67％、2019年で約55％（共に2013年比）と大きく、同水準の「倉庫」と並んで「ホテル」開発が活況であったことがわかります。

　一方で、2020年以降の減少は主に新型コロナウイルスの世界的蔓延により国内外で外出規制がかけられた影響と考えられます。この期間においては全用途において建築着工面積が減少しており、「ホテル」が他の用途と比較して特段に開発意欲が減退しているということではないと見受けられます。

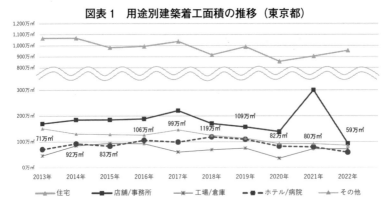

出所：建築着工統計（国土交通省）より山田コンサル作成

② 用途別建物床面積の推移（**図表2**）

　2013年から2022年まで全用途の床面積は約7.7％増加しました。建物床面積は（現床面積＋新規着工面積－解体面積）であることから、この期間の不動産開発が活発であったことがわかります。その中で「ホテル」の床面積は約20％増加しており、一番高い増加率を示しています。

図表2　用途別建物床面積の推移（東京都）

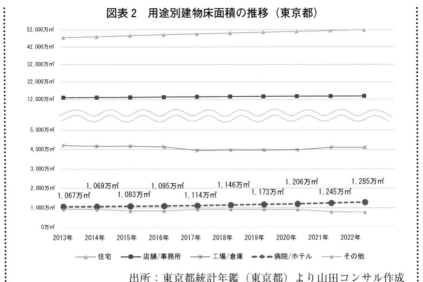

出所：東京都統計年鑑（東京都）より山田コンサル作成

③　用途別床面積の割合（**図表3**）

　2022年における「ホテル」の床面積の割合は2.0％弱に過ぎないことから、全用途のうちで「ホテル」の市場規模は極めて小さいことがわかります。

図表3　用途別建物床面積割合（2022年・東京都）

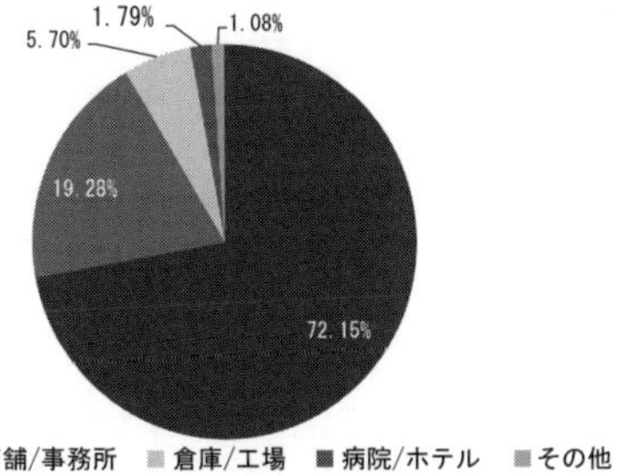

出所：東京都統計年鑑（東京都）より山田コンサル作成

2．「ホテル」の投資目線

　ここまで建築着工面積、建物床面積から「ホテル」の開発実績や

全体における規模をみてきましたが、投資物件としての「ホテル」はどのようにみられているのでしょうか。

用途別期待利回りの推移を**図表4**に示しています。

2013年から2022年の間で全ての用途で期待利回りが低下しており、東京都においては全ての用途の不動産投資価値が上昇したことがわかります。（投資価値＝収益÷期待利回り）

「ホテル」は2013年から2019年まで約2.0％低下し、2020年から若干上昇した後、2022年に再度低下に転じています。

2019年までの下落幅は「ホテル」が一番大きく、2019年には「住宅」「倉庫」と同水準までになりました。

その後、新型コロナウイルスにより一番打撃を受けた用途の１つである「ホテル」ですが、2022年に期待利回りが低下に転じたことを考えると、今後の観光需要回復への期待が高いことがわかります。

図表4　用途別期待利回りの推移

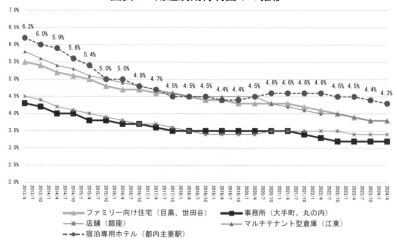

出所：（一財）日本不動産研究所「不動産投資家調査」より山田コンサル作成

第5章　開発計画編

3.「ホテル」の特徴

　次に「ホテル」は他の用途と比較してどのような特徴を持っているのでしょうか。

　主要用途の特徴を**図表5**に示していますが、「ホテル」の一番の特徴は「安定性」が低いことです。

　「ホテル」は毎日満室であれば一番利益率が高いという特徴を持っていますが、空室が多くなった場合における経費の負担率が相対的に高いというリスクを有しています。

　また、開発用地などについても比較的制約が多く、選定や取得も含めた事業性の判断が難しい面があります。つまり、開発やオペレーションのノウハウを持っていることの優位度が高く、それが開発や投資においてはリスクと判断され、他の用途と比較して期待利回りが高い要因の1つとなっています。

図表5　ホテルの主要用途の特徴

	ホテル	共同住宅	事務所	店舗
難易度	△ オペレーション能力や開発立地の選定など、一定のノウハウを有していると優位性が高く、参入難易度は高い。	◎ グレードや立地などの選択肢が多く、参入しやすい。	◎ グレードや立地などの選択肢が多く、参入しやすい。	○ 立地や用途などの選択肢はそれなりに多く、参入しやすい。
安定性	△ 売上に対する経費割合が高く、稼働率の影響度が大きいため、安定性は低い。	◎ 築浅であれば安定しやすいが、築年経過後の対策内容により安定性が低くなる懸念がある。	○ 比較的、築年による安定性の低下は発生しにくいが、時代に沿った設備更新などの対応が必要。	△ 立地による影響が強く、また、経済情勢など外部環境による影響度も高いため、安定性は低い。
将来性	○ ターゲットが国内外であるため、人口減少の影響度が低く、想定的な成長の余地は大きい。	○ 人口減少の影響を受けるものの、都市部と郊外など、立地により格差が拡大していく可能性がある。	△ 経済情勢や景気動向の影響を受けやすく、グレードや立地などにより格差が出てくる。	△ 人口減少やAIの進化など外部環境の変化により、成長の余地は少なくなってくる可能性がある。

出所：山田コンサル作成

4．「ホテル」の今後

　今後、人口減少が加速していく日本においては多方面での需要減退が想定され、不動産開発においても例外ではありません。その中で、「ホテル」はどうなっていくのでしょうか。これまでの資料で、訪日観光客数が増加した2010年代後半よりホテル開発が活発化し、投資価値も上がってきたことがわかりました。開発や投資が活発化すると、事業者間の競争が激しくなります。その結果、ホテル事業者の運営能力の向上や選別が進み、ホテル市場が成長してきました。この流れは、新型コロナウイルスの影響で一旦止まってしまいました。しかし、日本の観光立国としての潜在能力は高く、今後の観光需要回復への期待値が大きいことや世界の主要都市と比較しても宿泊費や不動産価格が高騰していないことなどから、観光や投資対象として「ホテル」市場の成長余地は大きいと考えられます。東京エリアのマーケット動向に左右される面もありますが、今後も「ホテル」市場は拡大・成長し、投資価値が高まることが期待されます。

第6章

IT活用編

25　観光業界を取り巻くDX動向

Q 観光業界ではDXへの取り組みはどのように進んでいるのでしょうか。

POINT 人口減少の問題を抱えている日本国内において、観光業は成長産業の柱として期待されており、観光庁は各観光地が抱える課題を解決するためにはデジタルトランスフォーメーション（DX）の推進が必要であると位置づけている。2021年からその取り組みは始まり、2022年には観光DX推進の検討会が行われるなど観光庁主導での取り組みが活性化している。

各地方自治体での取り組みも積極的に行われ、観光地を利用したDX技術の試験的試みがなされているが、地方自治体とIT企業、地域の観光業がコンソーシアム（共同事業体）を結成し、取り組みを行う事例が増加している。

A

1．観光とDXの関わりと国内外の取り組み状況

観光業は、世界的に見ても成長を続ける成長産業であり、とりわけ日本における観光業への成長の期待は大きく、ビザの戦略的緩和やインバウンド向けの消費税免除制度の拡充など、観光業を日本経済の成長の柱の1つとして据えてきました。

観光業における最終消費を行うのは現地ですが、ホテル手配や観光ルート決めなど、消費前の意思決定は遠隔地で事前に行われるため、遠隔地での疑似体験や遠隔での各種手配などICT（情報通信技術）との相性

第6章　IT活用編

が良い産業とされてきました。

　観光DXの取り組みは既に多くの地方自治体や観光協会でなされており、オンラインツアーを中心にICTによる新しい観光業のあり方が模索されています。

　欧州委員会では2018年からスマートツーリズムが推進され、その中心にデジタル促進が据えられてきました。2019年から毎年スマートツーリズム首都を選定しており、2019年のヘルシンキ（フィンランド）、2020年のマラガ（スペイン）がデジタル化の分野を前面に押し出し受賞をしています。2019年のヘルシンキではVR制作会社と「バーチャルヘルシンキ」を立ち上げ、ヘルシンキの都市を丸ごとVRの世界に再現し注目を浴びました。2020年のマラガは観光カードやアプリによる観光施設の入場券の発行やマラガに関する質問に答えるチャットボットツールの導入といった取り組みを行っています。

　一方で日本国内でのICT活用は遅れをとっています。観光庁の予算概要によると、ICTに関連する予算が観光庁の予算に組み込まれたのは2019年度からです。しかも、予算に組み込まれたものは言語対応関連・プロモーションのICT対応のみであり、欧州委員会の取り組みと比較すると遅れていると言わざるを得ません。

　しかしながら、2021年度から観光DXの文字が予算概要に登場するようになり、急激に観光DXへの取り組みが強化されていると言えます。2021年には観光庁が「これまでにない観光コンテンツやエリアマネジメントを創出・実現するデジタル技術の開発事業」や「来訪意欲を増進させるためのオンライン技術活用事業」が開始され、本格的に日本国内でも観光DXの取り組みがスタートしました。

　2022年には「持続可能性の高い観光地経営の実現に向けた観光DX推進緊急対策に係る実証事業」や「DXの推進による観光・地域経済活性

化実証事業」も観光庁の補助事業として開始され、従来の開発・活用への補助から、具体的な経済効果が見込める提案を求めるように変化をしていきました。同じく2022年には観光庁が設置した「観光DX推進のあり方に関する検討会」も継続開催されており、今後も継続的に観光DXが推進される見通しです。

２．地方自治体と民間企業によるコンソーシアムによるDXの取り組み

　「DXの推進による観光・地域経済活性化実証事業」では全部で8つの事業が採択をされ、その全てが複数の地方自治体とIT企業・地元観光業とのコンソーシアムによる事業でした。また、観光庁が行うDX関連事業にはいずれも地域内、地域間、事業者間のデータやシステムの連携といった複数の関係者が関与することを前提としており、観光DXを考える上で、地域や地域内の事業者間の連携が重要であることが分かります。

　採択事例の中から、地方自治体と観光事業者が連携し、地域観光のデータベースを作成する福井県のコンソーシアムの事例を紹介します。地域の事業者・自治体がデータドリブンな運営・事業展開ができるよう、事業者が取得する消費データや自治体が所有する旅行者属性等の情報を共通のプラットフォームに集約し、必要なデータをプラットフォームから抜き出すことができる体制を組み上げています。

　プラットフォームには、Googleアナリティクスのアクセスデータやmath KDDIから提供されるGPSの位置情報データなど、多岐に渡るデータを集約しており、複合的な視点からの分析が可能となっています。これらのデータは福井県観光連盟会員でなければ閲覧はできませんが、プラットフォーム内のデータのうちアンケート調査で得られた詳細な分析ファイル等のオープン情報に関しては、福井県観光データ分析システム

第6章　IT活用編

「FTAS」において公開する等、先進的な取り組みが行われています。

図表1　「DXの推進による観光・地域経済活性化実証事業」採択事例

通番	応募団体名	応募事業名	地域
1	日本観光振興デジタルプラットフォーム推進コンソーシアム	「日本観光振興デジタルプラットフォーム」構築事業	全国
2	観光音声メタバースコンソーシアム	地域の、地域による、旅行者の為の、音声ARP/F事業	岩手県八幡平市、埼玉県秩父市、愛媛県今治市等
3	(仮称)スポーツイベントツーリズムコンソーシアム	一極集中下の来場客を活用した地域経済活性化事業	北海道札幌市、茨城県鹿嶋市、静岡県静岡市、福岡県福岡市
4	福井県観光DX推進コンソーシアム	観光データ連携機能構築による観光事業者の収益向上に向けた実証事業	福井県
5	三重県観光DX推進コンソーシアム	ハイバリューカスタマー育成を目指す観光DX推進事業	三重県
6	那須地域サイクリングDX推進コンソーシアム	那須地域新観光DX戦略による地域リブランディング	栃木県那須塩原市、大田原市、那須町
7	下呂未来創造プロジェクト	地域主体による観光客の下呂市周遊促進と拡大戦略	岐阜県下呂市
8	志賀高原観光DX推進コンソーシアム	志賀高原観光DX推進による域内経済の活性化実証事業	長野県下高井郡山ノ内町

出所：国土交通省　観光庁「DX（デジタルトランスフォーメーション）の推進による観光・地域経済活性化実証事業」における採択事業の公表

26 宿泊業界を取り巻くDX動向

Q 宿泊業界においてDXへの取り組みはどのように進んでいるのでしょうか。

POINT 観光業全体と同様に、宿泊業のDX化は期待を持たれている分野であるが、観光業全体以上に小規模事業者が多く、DX化の前段階であるデジタル化が進んでいない。

宿泊業においてDX化を実現するには課題が多い。宿泊業者においては、DXの中でも既存情報のデジタル化という意味での「守りのDX化」への意向が強く、宿泊業向けにはホテル管理システム導入に対する補助金が出されるなど、アナログデータのデジタル化に留まってしまっている。一方で、既存情報のデジタル化が既に済んでいる大企業は一歩進んだ「攻めのDX化」に着手する企業が増加しており、DXの二極化が進みつつある。

A

1．宿泊業のDX浸透状況

宿泊業を営む事業者のICTへの理解、DXへの意識は他の業種と比較して低い状況にあります。独立行政法人中小企業基盤整備機構が2022年5月に行った「中小企業のDX推進に関する調査」において、DXの取り組み状況を業種別にアンケートを取ったところ、宿泊業が含まれるサービス業（宿泊・飲食業）のうち、「既に取り組んでいる」「取り組みを検討している」と回答した企業の割合は16.0％に留まっており、全業種平均の24.8％と比べて低い水準となっています。製造業は29.2％と高く、

第6章　IT活用編

　建設業・小売業も16.0％とサービス業（宿泊・飲食業）と同じ割合ですが、建設業・小売業は「既に取り組んでいる」と回答した割合が4％となっており、最もDXへの取り組みが遅れている業種であるということが分かります。
　また、同調査において、DXに向けた取り組みの必要性を質問したところ、「あまり必要だと思わない」「必要だと思わない」と回答した割合が他の業種と比較して高く、DXに向けた取り組みを重要視していないことがわかります。
　このような回答が多い背景には、宿泊業の事業者に小規模事業者が多いことが理由の1つにあります。小規模事業者は資金力が不足していることや、人手不足から経営者がICT担当も兼務していることが多く、DXやICT投資が後回しになる傾向にあります。前述の独立行政法人中小企業基盤整備機構が行った調査でも、従業員規模別でのDX理解度（全業種対象）は、従業員20人以下の企業群は「理解していない」「あまり理解していない」と回答する事業者が59.9％に及んでおり、事業規模や従業員規模の大きさとDX理解度は相関関係にあると言えます。
　宿泊業は建物に対する設備投資を必要とする事業特性があり、ICTへの投資よりも客室などの直接的な宿泊施設への改装に投資が優先される傾向にあります。ICTへの投資まで予算が回らないという企業も多く、特に小規模事業者の宿泊業においてDXへの取り組みの遅さが指摘されます。

図表 1　業種別DXに関する理解度（N＝1,000）

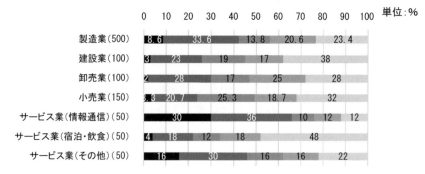

出所：独立行政法人 中小企業基盤整備機構「中小企業のDX推進に関する調査 アンケート調査報告書　令和4年5月」

図表 2　業種別DX推進に向けた必要性（N＝1,000）

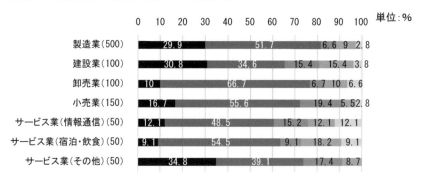

出所：独立行政法人 中小企業基盤整備機構「中小企業のDX推進に関する調査 アンケート調査報告書　令和4年5月」

２．DX支援の状況

　宿泊業者はDXやICTへの理解度が低く、DXやICTへの投資が遅れていますが、宿泊業者も活用できるICT支援の補助金の制度はいくつかあります。

　経済産業省・中小企業庁が2022年より新たに創設された「ものづくり補助金のデジタル枠」、同じく経済産業省・中小企業庁が2017年に創設した「IT導入補助金」が挙げられ、観光庁も2022年より「宿泊施設のデジタル技術を活用したサービス提供体制強化事業（宿泊施設インバウンド対応支援事業）」を創設し、PMSの導入支援を行っています。

　いずれの補助制度も補助率が高く、小規模事業者のICT投資を支援する有効な補助制度です。一方で、補助金の上限額には限りがあり、部屋数が多い中堅規模以上の宿泊業では投資金額も高額になり、これらの補助金の上限額では十分な補助にならないこともあります。

　また、観光庁の「宿泊施設のデジタル技術を活用したサービス提供体制強化事業（宿泊施設インバウンド対応支援事業）」は、地域の小規模事業者がいくつか連名で申請することを想定しているもので、ICT投資の遅れている小規模事業者がIT企業の支援を受けながら最低限のインフラ投資を行うために活用されるケースが想定されます。

　中堅規模の宿泊業では、PMS（Property Management Systemの略。ホテル・旅館の予約から客室管理、請求までを処理する宿泊施設の基幹システムのこと）の導入は既に済んでいることが多く、更にICT投資を進めてDX化を進めるとなると、無人精算機や客室設置型の設備など、ソフトウェアだけではなくハードウェア面での投資も多くなるため、金額が過大になりやすい特徴があります。

　小規模事業者にとっては有効なICT関連の補助金ですが、既にある程度のICT投資を行っている中堅規模以上の宿泊業にとっては不足感があ

る補助制度であると言え、今後、DX関連の補助制度の登場が期待されます。

図表3　各補助金の制度説明

	ものづくり補助金	ＩＴ導入補助金	PMS（宿泊施設管理システム）導入補助金
公募要件	▼旅館業 資本金5,000万円及び常勤従業員数200人以下の会社及び個人事業主	▼旅館業 資本金5,000万円及び常勤従業員数200人以下の会社及び個人事業主	旅館業法の営業許可を得た宿泊事業者（旅館・ホテル等） ※同一観光地に所在する原則5者以上の宿泊施設等により構成される団体が対象
補助対象事業	▼通常枠 革新的な製品、サービス開発又は生産プロセス、サービス提供方法の改善に必要な設備、システム投資等	▼通常枠（A類型は1プロセス以上、B類型は4プロセス以上） ①ソフトウェア購入費 ②クラウド利用費（クラウド利用料最大2年分） ③導入関連費	①PMS本体の新規導入 ・オンプレミス型の導入・更新 ・クラウド型の導入（最大2年間の費用が対象） ②「情報管理の高度化」に資する既存PMS本体の入替 ③PMS本体を周辺・外部システムと連結するために必要なカスタマイズ
補助率	通常枠、グローバル市場開拓枠：1/2（小規模事業者は2/3） 回復型賃上げ・雇用拡大枠、デジタル枠、グリーン枠：2/3	通常枠、セキュリティ対策推進枠：1/2 デジタル化基盤導入枠：1/2～3/4	1/3
利用にあたっての制限	以下の要件を満たす3～5年の事業計画を策定 ①給与支給総額が年率平均1.5%以上増加 ②事業場内最低賃金が地域別最低賃金＋30円以上の水準 ③事業者全体の付加価値額を年率平均3％以上増加	▼通常枠B類型 以下の要件を満たす3年の事業計画を策定・実行 ①以下②、③に規程する計画策定を従業員へ表明 ②給与支給総額が年率平均1.5%以上増加 ③事業場内最低賃金が地域別最低賃金＋30円以上の水準	

第6章　IT活用編

	ものづくり補助金	ＩＴ導入補助金	PMS （宿泊施設管理システム）導入補助金
事務局	ものづくり・商業・サービス補助金事務局 （全国中小企業団体中央会）	サービス等生産性向上ＩＴ導入支援事業事務局 （一般社団法人 サービスデザイン推進協議会）	観光庁（令和3年度補正予算事業）

出所：ものづくり・商業・サービス補助金事務局、サービス等生産性向上IT導入支援事業事務局、国土交通省観光庁HPより山田コンサル作成

※　補助金の制度内容は年度ごとに変更されることがあります。最新の情報は、各省庁や関連機関の公式発表をご確認ください。

27 デジタル化への取り組みが必要な背景とは

Q 宿泊業界ではデジタル化が急がれていると言われています。その背景について教えてください。

POINT ここ数年の宿泊業界はインバウンド需要やコロナ禍と、目まぐるしい変化への対応に追われている。従前課題の「労働環境の改善・人手不足への対応」といった効率面での対策に加えて、コロナ収束に伴うインバウンド需要・国内需要の回復後の「新たな需要・ニーズへの対応」といった集客・顧客体験向上が求められており、デジタル導入・活用といったハード面と組み合わせた対応も積極的に取り組んでいく必要がある。

A

宿泊業界は長年、人手によるホスピタリティ、いわゆる「おもてなし」といったソフト面を重視した運営を行ってきましたが、環境変化への適応と持続可能な経営を実現するためには、デジタル導入・活用といったハード面を組み合わせた対応も積極的に取り組んでいく必要があります。

1．宿泊業の労働環境の現状

まずはコロナ禍前の状況から確認します。**図表1**はコロナ禍前の人手不足等の対応に関する調査です。約8割のホテル・旅館が人手不足を感じていました。

第6章　IT活用編

図表1　宿泊業の人手不足の状況

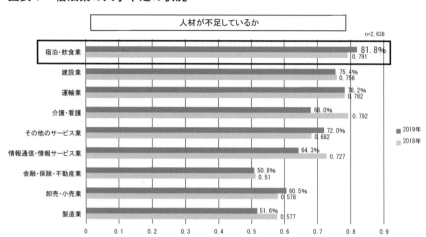

出所：日本商工会議所　令和元年「人手不足等の対応に関する調査」

　ではなぜ、宿泊業界は人手不足に陥ってしまうのでしょうか。**図表2**は宿泊業の労働環境の現状を整理したものです。

図表2　宿泊業の労働環境の現状

高い離職率	・宿泊業の離職率は高水準で推移（宿泊業：2018年 2.74%） ・全業種平均を大きく上回る（全産業平均：2018年 1.83%）
採用難	・有効求人倍率が年々増加（宿泊業：2018年 6.15倍） ・全産業の中でも極めて高い水準（全産業平均：2018年 1.38倍）
業界特有の勤務形態	・「中抜け」勤務、「たすき掛け」勤務といった変則的な勤務形態 ・実質的に長時間にわたる勤務
低い労働生産性	・労働生産性は他産業と比較して低い水準で推移 ・労働時間が長く、有給休暇の取得率も低水準
従業員の高齢化	・60歳代以上の高齢者が約3割（全産業平均：2018年19.7%） ・今後のこの層の退職による大幅な就業者数減少

出所：観光庁「観光を取り巻く現状及び課題等について」を基に山田コンサル作成

人手不足は、前述の通りコロナ禍以前より直面している問題で、少子高齢化によって労働人口が減少し続ける中で人材を確保するためには、労働環境の改善は不可欠です。
　しかし、宿泊業はその性質上、「中抜け」勤務や「たすき掛け」勤務といった変則的な勤務形態による長時間労働体質（**図表3**）や低賃金（**図表4**）が常態化しています。その影響もあって全産業の中でもトップクラスの離職率となっています。

図表3　長時間労働体質の現状

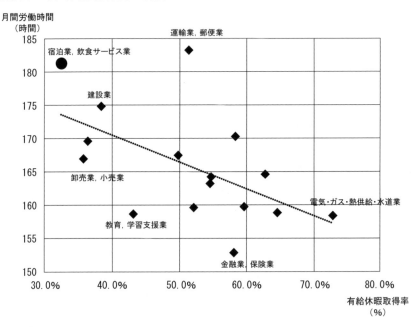

出所：厚生労働省「毎月勤労統計調査」「就労条件総合調査」

図表4　全産業と宿泊業の賃金比較

【きまって支給する現金給与額】

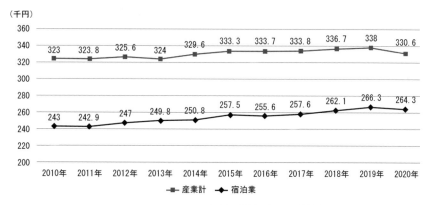

出所：厚生労働省「賃金構造基本統計調査」

2．人手不足解消に向けた課題

　つまり、新型コロナが収束して、ホテル・旅館の需要が増加しても、宿泊業界が抱える人手不足の構造的な問題は解決しません。

　コロナ禍においては、休業や稼働率の悪化を受けて半数以上のホテルが従業員を減らしました。コロナを機にホテル業界から遠のいた人材は既に別の業種に従事したケースも多く、コロナが収まり人手が必要になったからといって、実際にすぐには戻ってきませんでした。

　少子高齢化の加速による労働人口の減少や、宿泊業界を志望する人材の減少などにより人手不足の状態が続いています。このような状況では、採用のコストアップや賃金の上昇につながります。またウィズコロナ・ポストコロナにおいては**図表5**のような宿泊施設でのオペレーションの見直しが行われ、更なるコスト増加要因となりました。

図表5　ウィズコロナ・ポストコロナにおけるオペレーション変化

 フロント業務
・入館時の検温、現在の体調や渡航歴のヒアリング
・チェックイン時の台帳記入やチェックアウト時の清算を客室で実施又は入館前の事前手続き

 大浴場・フィットネス等の付帯施設
・利用時間の分散や利用人数の制限
・混雑状況の見える化

 清掃・衛生の高度化
・館内および客室の定期的な消毒
・来館客へマスクや衛生備品の提供

 ハードの設計や設備
・非接触型の設備への変更（エレベーターやドアなど）
・パブリックスペースのレイアウト変更

 食事提供
・セットメニューでの食事提供
・客室での食事提供やテイクアウトでの提供
・客席（テーブル）の間引きによる、利用時間の分散

出所：山田コンサル作成

　このままでは人手不足によって、多くのホテル・旅館業者がビジネスを継続できなくなる恐れがあります。

　宿泊業界は長年、人手によるホスピタリティ、いわゆる「おもてなし」を重視した運営を行ってきましたが、今後は業務の多能工化やデジタル化、サービス内容の再検討により、一層の効率的な経営を実現する努力が求められます。人手不足とは、結局のところ「労働力」不足にあたります。現在では特に予約・販売業務や、フロント・バックオフィス業務などにおいて、テクノロジーの効果的な活用により労働力不足の多くの部分を補うことが期待できるため、積極的に取り組んでいく必要があります。

3．宿泊業のデジタル化の現状

ここで宿泊業界のデジタル化状況について確認しておきます。

図表6は、企業規模別（従業員数別）にデジタル化されている業務の割合を表したものです。従業員規模が大きい企業ほどデジタル化されている業務の割合が多く、中小・零細企業ほどデジタル化が遅れている状況にあります。

図表6　デジタル化業務割合：企業規模別（従業員数別）

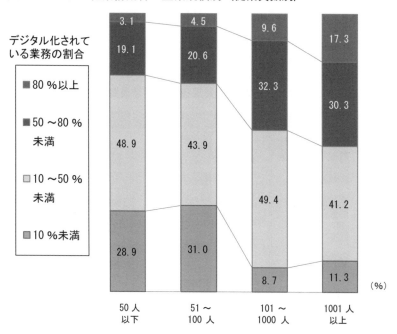

出所：観光庁調査データ

図表7は各業務で導入されているデジタルツールの内訳について、前述同様、企業規模別（従業員数別）に表したものです。いずれのツールにおいても大規模な企業ほど導入率が高く、小規模・零細事業者におい

ては導入が進んでいない状況にあります。ツール別に見ると、OTA（Online Travel Agentの略。インターネット上だけで取引を行う旅行会社のこと）及びオンライン予約・販売サービスの導入や、業務管理に関係するCRM（Customer Relationship Managementの略。顧客関係管理）やPMS（Property Management Systemの略。ホテル・旅館の予約から客室管理、請求までを処理する宿泊施設の基幹システムのこと）等のシステム導入が比較的進んでいる一方、デジタルマーケティングツールや接客・サービス提供に関するシステム・デジタルツールの導入は限定的です（PMSについては、ビジネスホテル・リゾートホテルでの導入が進んでいるが、旅館での導入は十分とはいえない状況です）。

図表7　導入済デジタルツール：企業規模別（従業員数別）

広告、予約・販売		接客・サービス提供		業務管理	
①Web、SNS等のデジタル広告	66.5 / 62.0 / 42.6 / 35.1	①多言語翻訳サービス（翻訳アプリ等）	20.1 / 14.8 / 17.3	①営業、顧客管理システム（CRM、SFA等）	61.6 / 56.3 / 37.4 / 32.9
②デジタルマーケティングツール	28.5 / 22.7 / 10.3 / 9.3	②チャットボット	15.1 / 12.8 / 3.6	②販売、在庫等の管理システム（PMS等）	51.8 / 50.6 / 29.0 / 31.1
③OTAサービス	55.3 / 52.4 / 38.7 / 34.2	③接客ロボット	7.0 / 0.4	③業務運用・運行管理システム	32.7 / 29.3 / 12.9 / 15.1
④その他オンライン予約・販売サービス等	73.2 / 67.7 / 51.6 / 52.9	④スマートオーダーツール	15.1 / 6.9 / 1.3	④レベニューマネジメントサービス	38.7 / 30.4 / 14.2 / 8.9
⑤ECプラットフォームツール、サービス等	20.4 / 12.6 / 9.7 / 3.6	⑤スマートチェックイン（スマホアプリ等）	21.1 / 9.2 / 3.6	⑤その他、業務管理システム	25.0 / 18.8 / 16.8 / 11.1
		⑥スマートキー	16.5 / 11.7 / 6.2		
		⑦混雑表示/予想サービス	15.8 / 8.7 / 1.8		
		⑧AR・VRサービス（体験サービス等）	2.1 / 2.5		

凡例：■1,001人以上　■101〜1,000人　□51〜100人　□50人以下（％）

出所：観光庁調査データ

第6章　IT活用編

　図表8は消費者が宿泊施設を検討する際の情報源の割合を表したものです。情報源は、「インターネットの検索・予約サイト」の割合が最も高く、次いで「旅館やホテルのホームページ・SNS」、「旅行雑誌・旅行サイト」の順でインターネット上の情報が上位を占めています。

図表8　宿泊施設を検討する際の情報源

凡例：「ビジネス・出張」目的(n=3,189)　「旅行」目的(n=9,057)

横軸項目：インターネットの検索・予約サイト／旅館やホテルのホームページ・SNS（Facebook、Instagramなど）／旅行雑誌・旅行サイト／家族や知人等の口コミ・紹介／利用者のSNSの投稿／スマートフォンで見られる地図（iPhoneマップ／Googleマップ）／テレビ・ラジオ／勤め先の福利厚生のカタログ／街中や交通機関の看板／その他／特になし

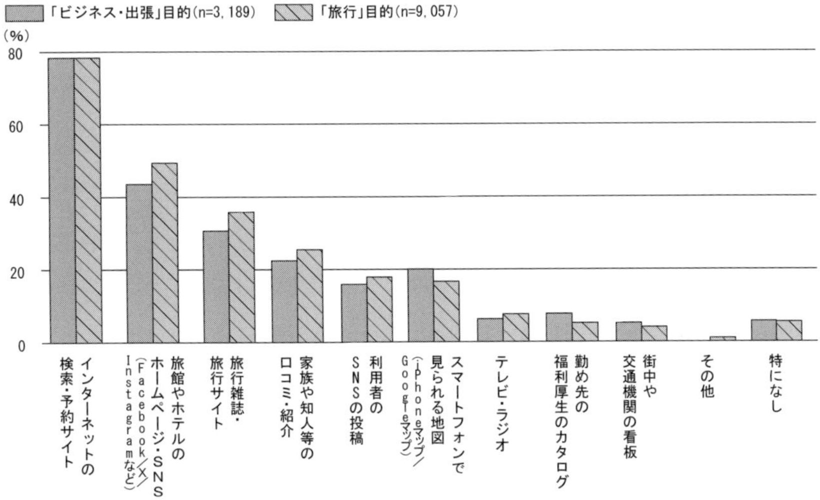

出所：観光庁調査データ

　これに対して、図表9は宿泊施設を営む中小企業のインターネット活用状況の割合を表したものです。「自社ホームページの開設」は、78.0％と概ね取り組みが進んでいます。一方でOTAなどの「情報検索サイトへの登録」は66.5％と多いとはいえない状況です。「SNSの活用」（29.3％）、「ブログの活用」（20.7％）、X（旧ツイッター）など「ミニブログの活用」（6.7％）は、ほとんど取り組みが進んでいません。

図表 9　宿泊施設を営む中小企業のインターネット活用状況

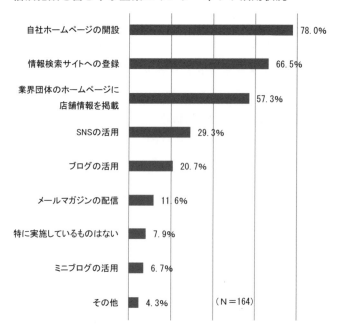

出所：日本政策金融公庫　総合研究所「日本公庫総研レポート」

　従来のパソコン（PC）中心の利用から変化し、現状では旅先での情報収集やSNSなどを通じた情報発信に至るまで、消費者とのタッチポイントがあらゆる場面でスマートフォンなどのインターネットが軸となっているのに対して、中小企業は、販売環境の変化、消費者ニーズに応えきれていない状況にあります。そのため、特に予約・販売の側面ではデジタル化推進が急務な状況にあります。

4．新たな需要・ニーズへの対応

　デジタル技術の活用は、業務の効率化だけでなく、新たな需要・ニーズへの対応も重要です。業界を取り巻く販売環境の急激なデジタル化、

第6章　IT活用編

エンドユーザーとのタッチポイントのデジタル化により、宿泊施設側のデジタル化対応が求められています。また、リアルな場面においても、コロナ禍を通して新たな生活様式が進み、引き続き非接触・非対面のサービス対応・維持も求められています。

(1) **集客方法の変化**

コロナ以前においても、エンドユーザーである観光客のニーズの多様化、予約・購入チャネルのデジタル化、旅行会社中心の販路からOTAの台頭等で、業界自体がデジタルを軸とした成長を遂げてきました（**図表10**は宿泊施設の予約経路がインターネット経由に急速変化していることを表したものです）。

図表10　宿泊施設の予約経路の変化

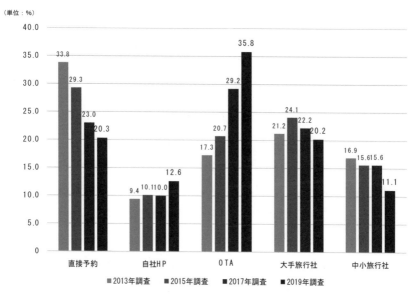

出所：リョケン「ネット予約．検索対策等の調査状況」

コロナ禍において海外旅行需要は大きなダメージを受け、国内旅行需要についても感染者数の増減によって需要が大きく乱高下したことは周知の事実です。こうした環境下で消費者の予約はオンラインへさらにシフトし、インターネットを使わずに集客するというのは、もはや現実的に難しい状況となっています。特にOTAサイトについては、登録をしておかないと、宿泊先の候補にすらあがりにくいのが実態となっています。

　一方で、OTAを経由した予約の場合、宿泊施設側が宿泊料の10～15％程度を手数料として支払う必要があるため、採算面での問題があります。そのため、一部の大手チェーンでは「脱OTA」の動きを活発化させ、自社サイトでの販売に注力する企業が増加しています。

　ただし、中小企業においては、自社サイトだけで集客を行うことは、手間や時間、時には高い費用まで必要となり宿泊施設側の大きな負担となります。そのため、宿泊施設側の負担と手数料コストとのバランスを考慮する必要がありますが、基本的にはOTAを利用しつつ自社サイト充実を段階的に図っていくのが望ましいでしょう。これによりインバウンドや幅広い層の新規開拓はOTA経由で、リピーターについては自社サイトから取り込むというアプローチが可能となります。

(2)　コロナ禍を通じた需要の変化

　コロナ流行を通じて、宿泊客から求められるサービス内容にも変化が起きました。これまでは丁寧な接客・細やかな「おもてなし」が、ホテルや旅館のサービスの要となっていました。　しかしコロナ禍においては、チェックイン・アウト時にスタッフとの接触を極力避けたい、ロビーや大浴場といった共用施設は空いているときに利用したいという非接触や無人化という需要が急増しました。ここが新型コロナ発生によって大きく変化した部分です。

第6章　IT活用編

　コロナ収束以降、この需要が完全になくなったとはいえない状況があります。多くの宿泊客はコロナ禍を通じて、衛生面や安全性に対して以前よりも敏感になっており、接触を避けることで安心を感じる側面が残っています。この点についてはデジタル化により大きな改善が見込める部分ですが、各施設で対応に苦慮している状況があります。

　一方で宿泊客の中には、コロナ禍の長期化による人との接触減少に疲れを感じ、対面での温かな「おもてなし」を新鮮かつ贅沢な体験として受け入れる傾向も見られます。

　宿泊業界はこうした多様な顧客ニーズに応えられる柔軟性が必要とされており、デジタルを活用したサービスと人手によるサービスをうまく組み合わせることが求められています。つまり、単に接触を避けるだけでなく、安心と心地よさを両立させたホスピタリティの提供が、ポストコロナの宿泊業界には不可欠だと言えるでしょう。

　また、コロナ流行を通じて、マイクロツーリズムと言われる国内の比較的近場の宿泊客や、テレワークニーズといった新しい需要が発生し、これをいかに取り込むのかも重要になってきます。実際に「テレワークに関連したプランや設備を整えた」や「一定期間を定額で宿泊できるサービスをはじめた」など、新たなニーズとしてのテレワーク需要を取り込もうとする動きも出ました（**図表11**）。コロナ収束後の現在においても、リゾート地でテレワークを行う方は多く、需要は継続している状況にあります。

図表11 コロナ前と比較したホテル運営の変化（ホテルタイプ別）

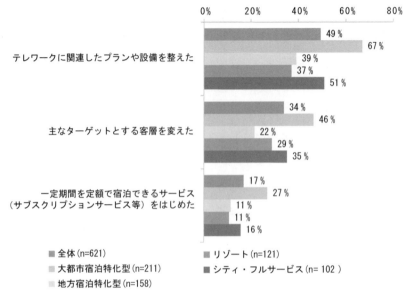

出所：ザイマックス不動産総合研究所「ARES不動産証券化ジャーナル」

(3) 長期的な需要の変化

　より長期的には、OECDレポートによると2040年代に国内旅行、海外旅行の中核を占めるのは、1980年代初頭から1990年代半ばに生まれたミレニアル世代（25歳から40歳代）並びに1990年代後半から2010年代初頭に生まれたジェネレーションＺ（10代から25歳）と指摘しています。この世代は、デジタルネイティブ世代であり、観光に関してもデジタルリテラシーが高く、計画、購買においてもネットやモバイルを駆使して情報を入手、購入し、併せて現地案内所や印刷物、ホテルのコンシェルジュなどから最新の情報を得る行動スタイルになると考えられています。また、この世代は他の世代以上にシェアリングサービスを活用すると思われ、業界全体、ユーザー全体がそれぞれにデジタル抜きでは成長し得

第6章　IT活用編

ない環境変化がより一層進んでいくと考えられます。

28 デジタルを活用した業務改革・サービス向上のポイントとは

Q 宿泊業界でデジタルを活用したサービスや顧客への提供価値、業務等の変革に取り組むにあたり、どのような観点で進めればよいのでしょうか。

POINT 宿泊業界においては、特に「サービス・顧客体験の向上」「省力化・人手不足の解消」「安全性の向上」の3つのポイントを押さえて行うことが大切である。デジタル導入・活用により、新たな顧客体験の創出、質の高いサービス提供や業務効率の改善を進めることで、売上や利益の向上が期待できる。

A

デジタル活用は、顧客満足度を高めることでのリピート率の向上、業務の省力化・自動化による人手不足対策・コスト削減、安全な環境提供・外部発信によるブランド信頼性の形成などに貢献します。取り組みの目的・狙いを明確にした上で、適切なデジタル活用を進めていくことが重要です。

実際に宿泊業界で、どのようにデジタルが活用されているのでしょうか。**図表1**は、デジタル活用による付加価値向上の取り組みと、その狙い・効果について整理したものです。本節では、デジタル活用により、顧客満足度の向上や、従業員の業務負担軽減などの効果を創出するためのポイントを解説します。

第 6 章　IT活用編

図表 1　デジタル活用による付加価値向上の取り組み、狙い・効果

分類		デジタル活用による高付加価値化に向けた取り組み	取り組みの狙い・効果
サービス・顧客体験の向上	誘客	・自社サイト・SNS等を活用した情報発信	✓ 宿泊施設の情報発信による集客拡大
		・デジタルマーケティング導入	✓ アクセス分析等による販売方法・宿泊プラン等への反映 ✓ マーケティング効果の可視化による適切な経営判断 ✓ 従業員の業務負担軽減(マーケティング業務の効率化)
	予約管理	・オンライン予約システム導入 ・24時間対応のAIチャットボット導入 (予約・問合せコミュニケーション手段のデジタル化)	✓ 利用客の利便性向上[スマホ主体] (電話以外の問合せ手段のニーズ、24時間対応) ✓ 従業員の業務負担軽減(予約受付・問合せの省力化)
		・自社サイトでの直販チャネル構築	✓ 自社で直接顧客管理を行うチャネル確立
		・レベニューマネジメントシステム導入 (需要予測に基づく客室単価や販売方法の最適化)	✓ 宿泊施設トータルでの売上最大化 ✓ 従業員の業務負担軽減(客室単価設定の効率化)
	顧客管理	・顧客情報(属性・利用履歴・嗜好等)のデジタル化	✓ 顧客情報に基づき宿泊客に最適化されたサービス提供 (顧客満足度向上、リピーター獲得)
	多言語対応	・多言語対応ツール導入(インバウンド需要対応)	✓ 外国人宿泊客とのコミュニケーション円滑化
	情報提供各種案内	・施設への順路・館内案内スマホアプリ(AR技術活用)	✓ 利用客の利便性向上 (アプリを通じた新たな体験、対面・電話以外の問合せ手段のニーズ、24時間対応) ✓ 従業員の業務負担軽減(コンシェルジュサービスの省力化)
	チェックイン	・IoT活用サービス導入 (ナンバープレート自動判別/人感センサー)	✓ 顧客情報に基づくお出迎え(おもてなし) ✓ チェックイン時のスピーディな案内
		・非対面チェックインシステム導入 (QRコード・生体認証等活用)	✓ 利用客に対する新たな価値提供 (非対面・非接触によるチェックイン) ✓ 従業員の業務負担軽減(フロント業務の効率化)
	決済	・キャッシュレス決済導入 (クレジットカード／QR決済等)	✓ 現金を持たない宿泊客への消費ニーズ対応 (インバウンド客を含む土産品等の販売機会損失の回避)

出所:山田コンサル作成

分類		デジタル活用による高付加価値化に向けた取り組み	取り組みの狙い・効果
省力化・人手不足の解消	宿泊部門	・PMSシステム導入（予約・フロント業務の一元管理化）	✓ ダブルブッキング・入力ミス等のトラブル回避 ✓ 情報一元化による経営管理データの可視化
		・シフト管理システム導入	✓ 人員の最適配置による無理な働き方の抑制
		・客室清掃管理システム導入（フロント・清掃スタッフ間の情報共有） ・清掃ロボット活用（共有部の掃除掛け自動化 等）	✓ フロント・清掃スタッフ間のコミュニケーションコスト削減 ✓ スマホ活用によるリアルタイム情報共有、ペーパーレス化 ✓ 清掃員の客室等への割り当て増加
	管理部門	・人事・給与管理システム導入	✓ 勤務時間・有給取得状況の見える化による従業員保護 ✓ 人事・給与管理業務の効率化・自動化
		・会計管理システム導入（関連システムとの連携強化）	✓ リアルタイムな経営状況把握による迅速な経営判断 ✓ システム間連携によるバックオフィス業務全体の効率化
安全性の向上	保守点検	・IoT活用サービス（異常感知） ・AIカメラ活用	✓ 保守点検の省力化 ✓ 人的ミス軽減による施設の安全性担保
	情報提供混雑情報	・IoT活用サービス（人感センサー） ・共有施設の空き状況・混雑状況の見える化（スマホ利用）	✓ 混雑状況の可視化による密状態回避（レストラン/浴場/チェックイン・アウト） ✓ 浴場清掃タイミングの最適化（顧客満足/労働効率化）

出所：山田コンサル作成

1．サービス・顧客体験の向上

　宿泊業界において、顧客満足度の高さは非常に重要な要素です。デジタル活用により、顧客の属性や好み、利用履歴、フィードバックなどあらゆる情報の収集・分析を実現可能とします。サービスの質の向上にとどまらず、顧客情報に基づき宿泊客一人ひとりに最適化されたサービスを提供することが、リピーターの獲得にもつながります。

　一方で現状の宿泊業界では、紙台帳による予約管理や取引先とのFAXによる情報伝達等のアナログな業務慣行もまだ多くみられます。アナログな業務慣行が継続すると、必要なデータの蓄積が進まず、データ分析に基づく科学的なアプローチや経営につながりません。デジタル活用による効率的な顧客とのコミュニケーション、需要データに基づいた主体的な価格設定、販売チャネルの最適化などが進んでいない場合、収益性向上につながらない一因となります。そのため、各サービス・業

務へのデジタル活用を積極的に進める必要があります。

(1) **誘客・予約管理**

近年では、ホテル・宿泊施設をスマートフォンやパソコンから申し込みをする人が増加しているため、ホテルの宿泊予約、キャンペーンメールなどのマーケティングにもデジタルが活用されています。ネット経由、特にスマートフォンからでも予約しやすい予約管理システムの導入で、利用者の流入増加が期待できます。

予約に関して、OTA（Online Travel Agentの略。インターネット上だけで取引を行う旅行会社のこと）など他社の予約サイトを利用すると、一定の集客力は期待できますが、高い利用手数料が発生する点がネックとなります。ある程度の認知度があったり、リピート顧客が多かったりする場合は、直接、予約を受け付ける体制を作れることが望ましいです。

一方で、予約サイトを利用することにより、予約管理やカスタマーサポートなどを代行してもらうメリットがあります。特に人的リソースが限られている宿泊業界では、従業員負担の軽減、手数料等のコスト、顧客満足度向上のバランスを考慮した取り組みが重要です。

(2) **インバウンド対応**

コロナ収束を受けて、インバウンドによる訪日外国人観光客が回復しています。このインバウンド需要に応えるためには、顧客ニーズに適応したサービスの最適化が求められ、これにデジタルを活用していくことも有効です。

具体的には外国人相手とのコミュニケーションを最適化するために、多言語に対応した翻訳・通訳ツールを導入することが一つの鍵となります。翻訳・通訳ツールのなかには、自動音声機能だけでなく、プロの通訳家を介した音声通話が可能なものもあり、リアルタイムで正確なコミュニケーションが可能となります。英語・中国語といったメジャー言語

に加え、訪日需要が増加している東南アジアの言語や、ヨーロッパの言語に対応した翻訳・通訳ツールを導入することで、世界各国の観光客との不自由なコミュニケーションの解消につながり、顧客満足度の向上が期待できます。

　また、観光案内などに導入すれば、後述の「2.省力化・人手不足の解消」でご紹介するような従業員の業務負担削減も期待できます。

(3) 宿泊体験の向上・新たな体験創出

　これまでの宿泊体験を向上させたり、これまでにない新しい体験を創出することで、宿泊客に新鮮さを提供します。これにより、何度も利用しても既存顧客を飽きさせることがなく、リピート利用が期待できます。たとえば、エントランスやロビー、キッズスペースなどでのプロジェクションマッピングの活用、IoT（Internet of Thingsの略。モノのインターネット）を活用した来客の感知によるチェックインのスムーズ化、などが考えられます。

　1つ事例を挙げます。IoTとAI（Artificial Intelligenceの略。人工知能）を導入し、来客のナンバープレートを認識して顧客データを呼び出し、チェックイン時に役立てるという取り組みです。具体的には、駐車場の入り口にカメラを設置し、認識した車のナンバーからリピーターを特定し、その情報を社内SNSに自動的に投稿し、さらにスタッフに音声で通知するというものです。

　共有される顧客情報には、来館履歴や同行者、年齢などがあり、通知を受け取ったドアマンや仲居は、こうした情報を踏まえた接客が可能になります。顧客の立場からすると、自分の存在を覚えてもらい、名前で呼んでもらえるのは嬉しいことです。このような取り組みにより、顧客満足度の向上やロイヤルティの向上につながるでしょう。

2．省力化・人手不足の解消

　宿泊業界の人件費比率は、業態、規模、立地、サービス内容などによって大きく異なるため、具体的な数字は一概に言えませんが、他業界よりは高いという特徴があります（旅館が一番高く、次いでシティホテルとなり、ビジネスホテルは業界内では相対的に低めとなるのが一般的な傾向です）。デジタル活用による業務の省力化・自動化が、人件費比率の削減につながります。人件費比率が相対的に高い宿泊業界において、人手不足対策や人件費削減を目的としたデジタル活用は非常に意義のある取り組みです。

⑴　予約・フロント業務の一元管理化

　取り組みとしては宿泊部門に関する情報（宿泊予約やチェックイン・チェックアウト情報等）を一元的に管理し、関連する業務を正確かつ効率的に実施することが挙げられます。

　予約管理システムと連携したPMS（Property Management Systemの略。ホテル・旅館の予約から客室管理、請求までを処理する宿泊施設の基幹システムのこと）を導入することで、スタッフの負担や入力ミスなどを減らし、利用客へのサービスに注力できます。具体的なメリットとしては以下が挙げられます。

- 予約やキャンセルに関する情報を宿台帳へスムーズに反映し、経営に必要なデータを蓄積・可視化し、経営戦略の修正等に役立てることができる
- 利用客の情報を一元的に管理することで、例えばアレルギー情報等をスタッフ間で共有し、サービスの質向上につなげることができる

　宿泊業界では、さまざまなお客様に対して複数のサービスを組み合わせて提供しています。当たり前のことになっていて、強く意識していな

いかもしれませんが、サービス提供の過程では多くの情報が蓄積・活用されているはずです。ただ、デジタルを活用しきれていない場合、現場では情報活用コストが増大したり、情報活用に偏りが発生して、本来使えるはずの情報が活用されていない、といったことが起きている可能性があります。

コストを抑えながらもサービスの質を高め、生産性を向上していくためには、情報を効率的・効果的に扱う情報活用の基盤を構築することが大切です。

(2) アプリ・ロボット活用による自動化・省力化

省力化・人手不足の解消に向けては他にも受付ロボットまたはアプリなどによる自動チェックイン・チェックアウト、掃除ロボット導入、などが考えられます。

チェックインについては、フロントに受付ロボットを設置する方法やオリジナルアプリを活用するスマートチェックインなどの方法で、フロントのスタッフを削減しながらスムーズにチェックイン・チェックアウトできるシステムを活用することが可能です。宿泊客への対応をスタッフが行う必要がないため、人件費の削減ができ、少子高齢化による人材不足の課題解決にも役立ちます。ただし、スタッフの削減により逆に宿泊客の接客に対する満足度が低下してしまう恐れもあるので、導入時には業務効率化と顧客満足度とのバランスの観点から、よく検討する必要があります。

清掃作業は、宿泊客の快適性と衛生管理の確保という点で非常に重要な業務となります。最近では、ロボット技術の進化にともない、自動化・省力化を目指したロボットの活用が進んでいます。

具体的には、床面の掃除機がけや拭き掃除を行うロボットは実用化されており、一定の評価を受けています。しかし、ロボット清掃には限界

があります。ロボットでは難しく、人手で対応する必要がある清掃としては、細かい隅のほこり取り、段差のあるフロア、高所や狭い隙間の清掃などが挙げられます。

　ロボットを導入する際には、こうした人手による清掃作業との適切な役割分担を考慮する必要があります。清掃ロボットの機能と効率性を最大限に活かしつつ、宿泊客が快適に過ごせるような細やかな気配りが求められる作業には人を配置することで、従業員の業務効率化とともに、宿泊施設の品質維持とサービス向上を図ることが重要です。

3．安全性の向上

　宿泊客の滞在中に起こり得る災害や急病、怪我などへの対策を講じ、その内容を外部へ発信することで安心感を与え、利用促進につなげられます。

　他にも通常の点検やメンテナンスにデジタル技術（センサー・AIカメラ等）を活用することで、業務効率化や安全性の向上につなげることも可能です。また同様のデジタル技術を活用することで、共用施設の混雑状況の可視化が可能となります。

(1) 保守点検

　宿泊施設の設備の保守・点検を行う際に問題となるのが、人的ミスです。作業員によって判断基準が異なるケースがあり注意しなければなりません。また、火気やガス設備などの点検作業は、スタッフに危険を及ぼす可能性があります。そこで、設備関連の状況をセンサー・AIカメラなどでモニタリングをすることで、人間では気づきにくいような細かい変化も可視化されるようになります。単なる省力化に留まらず、施設全体の安全性向上にも役立ちます。

(2) 情報提供（混雑情報）

　宿泊施設の場合、レストランや浴場など館内の各施設の混雑は利用者への不満にもつながるため注意が必要です。施設利用客の混雑を分散化させるデジタル施策として、スマートフォンでの混雑状況の可視化が多くの施設で取り入れられています。施設の利用者をセンサーで感知し、リアルタイムで混雑状況を配信することで、利用客はスマートフォンでレストランなどの混雑状況をチェックできるため、スムーズな施設利用が可能です。

　ここでは浴場でのデジタル活用事例を紹介します。ある宿泊施設では大浴場において、温度センサーと人感センサーを設置することで、お湯の温度と水位の状況、さらには入浴者の人数をリアルタイムで自動的に測定しています。これにより、浴場の快適な利用状況を保ちつつ、スタッフによるお湯の温度調整や、浴場の清掃頻度の最適化が可能になっており、顧客満足度の向上につなげています。

第6章 IT活用編

29 宿泊業界の全体最適なシステム化の姿とは

Q 宿泊業界向けのシステムにはさまざまなものがありますが、具体的にどのようなものがあり、どのような導入効果があるのでしょうか。その全体像や最適な考え方について教えてください。

POINT 宿泊業界においては、PMS（Property Management Systemの略。ホテル・旅館の予約から客室管理、請求までを処理する宿泊施設の基幹システムのこと）と呼ばれる宿泊施設の運営に必要な情報を一元的に管理できる中核システムがある。一方でPMSだけでは全てのホテル業務をカバーできないため、不足業務に対応するシステムが必要になる。全ての業務に対応できるAll-In-Oneの統合型システムではなく、PMSを軸に複数の最適システムを組み合わせて利用する考え方が進んできている。各ソリューションが宿泊施設の特性に合わせて最適な組み合わせとなっている必要がある。そのためには、PMSと周辺システムとの間のスムーズなデータ連携と、機能の相互補完性が担保されているかの確認が特に重要である。

A

1. 宿泊業界システムの全体像

まずは宿泊業界のシステム全体像から確認します。**図表1**は、PMSを中核とする各システムの関連図です。PMSは、宿泊施設の運営に必要な機能を統合したシステムであり、予約管理や顧客情報管理、売上管理、在庫管理などの業務を効率的に行うことができます。一方で、PMSだけ

ではすべての業務をカバーすることはできず、それぞれの業務に特化したソリューションが必要です。**図表1**のようにPMSを中心に複数のソリューションを組み合わせて連携して利用するイメージになります。

図表1　ホテルシステム全体関連図

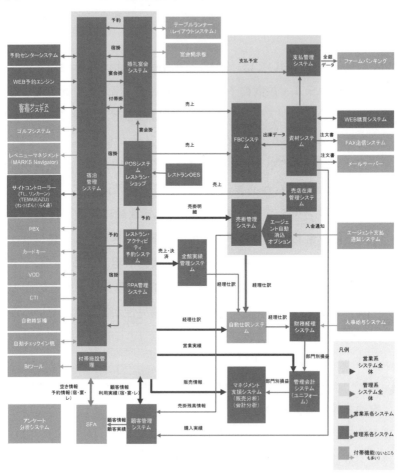

出所：株式会社タップHP「タップホテルシステムの特徴」を基に山田コンサル作成

第6章　IT活用編

(1) PMS

　最初にPMSの概要及び、導入目的・メリットについて整理します。

　PMSは、宿泊施設の予約管理、宿泊者情報管理、料金設定、部屋割り当てなど基本業務をサポートするシステムです。宿泊部門に関する情報（宿泊予約やチェックイン・チェックアウト情報等）を一元的に管理し、関連する業務を正確かつ効率的に実施するために利用されます。

　導入目的は主に以下の2点が挙げられます。

- 予約管理や客室管理等を一元的に管理し、フロント業務を効率化する
- 情報を一元的に管理することで、経営に必要なデータを可視化する

　経営上のメリットとしては以下が挙げられます。

- 予約やキャンセル情報を宿台帳にスムーズに反映し、経営に必要なデータを蓄積・可視化することで、経営戦略の修正などに役立てることができる
- 利用客の情報を一元管理することで、アレルギー情報などをスタッフ間で共有し、サービスの質向上につなげることができる

(2) PMS以外の各ソリューション

　前述の通り、PMSだけではすべての業務をカバーすることはできないため、それぞれの業務に特化したソリューションについても確認していきます。**図表2**は、PMS以外の主要なソリューションの概要と導入メリットとなります。

図表2　PMS以外の主要ソリューション一覧

ソリューション名	取り組み概要	導入メリット
自社サイト・予約エンジン	・宿泊施設ホームページ上で宿泊予約ができるようにするインターネット予約システム ・宿泊客に最新情報（空室カレンダー・自社サイト専用プラン等）を提供し、自社サイトでの直販による販売チャネルを構築	✓ 自社での直接顧客管理を行うチャネル確立による自立的経営の促進 ✓ 直接顧客管理により、顧客満足度向上や集客拡大が期待
OTA（オンライン上の旅行代理店）	・宿泊施設が提供する商品をウェブサイト上で検索・予約できるサービス（じゃらんや楽天トラベル・Booking.com が代表例） ・宿泊施設独自のマーケティング活動のみでは網羅しにくいエリアや海外の宿泊客に訴求することが可能（通常OTAでは、売上に対して10〜15%以上の手数料が発生）	✓ オンラインマーケティングへの投資不要 ✓ 自社の認知度向上・幅広い言語（インバウンド）に対応可能
サイトコントローラー	・複数あるオンライン宿泊予約サイト（OTA）とホテル・旅館のホームページ予約システムを一元的に管理することができるオンラインシステム ・一元管理によるダブルブッキング回避や業務運用の効率化を図る	✓ 業務効率化・コスト削減及び、ダブルブッキングのトラブル回避 ✓ 複数の外部予約サイト活用による客室の稼働率向上
レベニューマネジメント	・過去の予約等のデータを元に需要を予測し、競合の単価及び販売状況も踏まえて、客室単価や販売方法の決定を支援するシステム ・システムが提示するデータに基づいて価格設定および販売チャネルを最適化し、宿泊施設トータルでの売上最大化を目指す戦略的アプローチ	✓ 価格設定および販売チャネルの最適化による機会損失の低減、売上の最大化
自動チェックイン・精算機	・ホテルフロントでのチェックイン・チェックアウト手続きをセルフサービス化するソリューション ・チェックイン・チェックアウトの際に生じるフロント業務を1台でカバーし、ホテルスタッフの負担軽減やさらなるおもてなしの強化に効果的	✓ チェックイン時間の短縮や非接触対応による安心提供、顧客満足度向上
客室サービス管理システム	・客室の状態や清掃状況、宿泊客オーダーの手配業務状況等を一元管理し、効率的な客室運用をサポートするシステム ・対応結果を顧客情報として登録し、次回利用時の対応に活用	✓ PMSとの情報連携による業務の生産性・効率性向上 ✓ 顧客管理システムとの情報連携による顧客体験価値向上
POSシステム	・宿泊施設内の売店やレストランなどで利用される、販売に関するさまざまな情報を収集・分析するシステム（そのシステムを搭載したレジを「POSレジ」）	✓ PMSとの連携による精算の効率化（客室への請求）
キャッシュレス決済	・クレジットカードやQRコード決済等、現金決済以外を利用できるようにするシステム ・宿泊施設のフロントや売店において、宿泊客がキャッシュレスで決済可能な環境整備（特に外国人観光客が訪れるホテルでは、クレジットカードやQRコード決済への対応が要求）	✓ PMSとの連携による精算の効率化（客室への請求） ✓ インバウンド客も含め、現金を持たない宿泊客の消費ニーズへの対応
顧客管理システム	・宿泊の記録や問い合わせ履歴など、さまざまなツールにある情報を集約して一元管理するためのシステム ・顧客情報を活用し、パーソナライズされた個別サービスが提供可能 ・提供サービスの品質向上だけでなく施設全体の運営方針やマーケティング活動における戦略立案にも活用	✓ 顧客データを活用したターゲティングやマーケティング活動による顧客満足度向上・リピート率向上が期待
BIシステム	・宿泊施設のさまざまなデータを可視化し、分析・意思決定をサポートするためのシステム ・PMSやレベニューマネジメント・顧客管理システムなど他のシステムと連携し、実績データや市場動向等をもとに、最適な戦略や施策を立案	✓ 迅速かつ適切な意思決定による収益最大化、効率的な業務運営

出所：山田コンサル作成

2．最適ソリューション組み合せのポイント

　これまではPMSを中心とする各ソリューションについて確認をしてきました。ここからは、複数のソリューションを組み合せてシステム導入する際のポイントを解説していきます。

　ここでは、サイトコントローラーの選定を例にあげます。サイトコントローラーは、複数のOTA（Online Travel Agentの略。インターネット上だけで取引を行う旅行会社のこと）と自社の予約システムを一元管理するシステムです。重要な役割の一つとして、日別の在庫・料金の一括管理による二重予約やオーバーブッキング（過剰予約）の回避が挙げられます。

　サイトコントローラーには、大きく分けて「OTA連携型」と「PMS連携型」の2つの種類があります（**図表3**）。

図表3　サイトコントローラーの種類

	OTA連携型	PMS連携型
概要	OTAと直接連携して予約管理を行うシステム	PMSと連携して予約管理を行うシステム
メリット	・導入や運用が比較的簡単で、初期費用が安い ・複数のOTAの予約を一元管理できる ・予約状況をリアルタイムで確認できる	・PMSのデータと連動して予約管理を行うことができる ・複数のOTAの予約とPMSの予約を統合して管理できる ・予約状況をより正確に把握できる
デメリット	・PMSと連携できないため、PMSのデータと連動した予約管理を行うことができない ・OTAの予約のみしか管理できない	・導入や運用が複雑で、初期費用が高くなることがある ・PMSと連携できるサイトコントローラーが限られている

出所：チェックイン株式会社HPデータを基に山田コンサル作成

　フロント業務においては、サイトコンローラーとPMSを連携させる

ことには多くのメリットがあります。この連携により、精算や部屋割り、滞在中のゲスト管理などのフロント業務が大幅に効率化されます。そのため、利用するOTAや運営する施設数がよほど限定的でない限り、「PMS連携型」の選択が推奨されます。

続いて、サイトコントローラーの選び方についても確認します（**図表4**）。

図表4　サイトコントローラーの選び方

重複予約	・同じ宿泊施設や同じ部屋に対して複数の予約が重複してしまうことがある。このような場合、予約の確定やキャンセルが正しく反映されず、予約受付や在庫管理などの業務に混乱が生じる原因となる
在庫管理不備	・在庫管理が正しく行われないことがある。例えば、予約システムである程度の部屋数を予約受付したのに、PMS上ではそれらの部屋数がまだ残っているように表示される場合、予約を受け付けてしまい、実際には予約ができない状態になってしまう
顧客情報の不整合	・顧客情報についての不整合が生じる可能性がある。例えば、予約システム上では顧客の情報が更新されたのに、PMS上では古い情報が残ってしまっている場合、顧客に対するサービスが不十分になってしまうことがある
業務の効率化の妨げ	・予約管理や在庫管理などの業務に手間がかかってしまう。手動でデータを入力しなければならないため、業務の効率化が妨げられる可能性がある

出所：チェックイン株式会社HPデータを基に山田コンサル作成

特にシステム互換性（連携先）については、小規模施設ではOTAだけで問題ないことが多いですが、中規模・大規模施設ではリアルエージェントや自社サイトとの連携が必要になることが多いため、必要な連携先をカバーできているのかの確認が必要です。

また、PMSとの連携ではありませんが、OTAとの連携で考えた場合の個別論点もあります。例えば、在庫・料金について、OTAとサイトコントローラー間の同期方式の確認が必要な場合があります。ソリュー

第6章 IT活用編

ションによっては、在庫の同期はできるが、料金の同期はできないものもあります。料金の同期ができない場合、都度OTAの管理画面から料金を変更する必要があるので、せっかくシステムを導入しても業務効率化の効果創出にはつながりません。

ここまでサイトコンローラーを例にとり解説しましたが、他のソリューションを選択する場合も基本的な考え方は同様です。ホテルシステム全体で捉えた場合、最適なソリューションの組み合わせとなっているかどうかを確認することが特に重要です。ポイントを整理すると以下となります。

- システム間のデータ連携に互換性があるか（必要な連携先のカバー）
- システム間で機能重複・不足が少なく、相互補完の関係になっているか
- 自社の施設規模に見合った機能になっているか（コストと性能のバランス）
- 自社の体制・人材に見合ったベンダーのサポート体制になっているか

具体的なシステムの選定基準については次節で解説します。

30 ホテルシステムの選定・導入のポイント

Q ホテルシステムはさまざまな強み・特徴をもった製品が多数あり、どれを選んだらよいか分かりません。自社ニーズにあったシステムはどのような基準で選べばよいのでしょうか。

POINT 前提として宿泊施設の規模や種類によって、ホテルシステムに求める機能が異なる点を認識する必要がある。その上で、まず導入の目的を明確にする必要がある。次に自社施設の業務に合わせた機能要件の洗い出しを行い、どの機能を優先させるかを検討する。初期費用と運用コストを含めた総コスト、周辺システムや機器との連携性、将来的な拡張性の確認が必要である。費用ももちろん重要であるが、費用面だけで決めてしまうと自社業務に合わず、お客様の不満や従業員の業務非効率につながることもある。そのため複数の要素を総合的に評価し、費用対効果を最大化するアプローチが求められる。

A

1．最適なシステムを選定する基本的なポイント

前節で解説の通り、宿泊業界のシステムにおいてはPMS（Property Management Systemの略。ホテル・旅館の予約から客室管理、請求までを処理する宿泊施設の基幹システムのこと）が中核と位置づけられます。本節では初めてPMSを導入、またはPMSの乗り換えを検討しているケースにおいて、自社施設に最適なシステムの選び方について解説します。

第6章　IT活用編

　各PMS製品の公式ホームページを見ると機能が詳しく掲載されているため、どの製品も似たように感じられるかもしれません。そのため、製品の知名度や価格帯、公式ホームページの分かりやすさなどからシステムを選定しているホテルや旅館が多いと考えられます。ただし、実際に導入してみると自社業務に合わなかったという声も少なくありません。
　事業規模との関連や、システムの操作性、現行システムからの切り替え、新システムの教育等、PMSを導入するにあたり考慮する点は多々ありますが、ここでは特に重要なポイントを5点解説します。

(1)　システム導入目的の明確化
　PMSの導入検討にあたり、「何のために導入をするのか」「どのような課題を解決するためなのか」といったシステム導入の目的を明確にし、関係者間で合意・共有することが極めて重要です。目的が不明瞭なまま、コスト面を理由に選定した場合、例えば「顧客情報や接客・サービス情報を記録する機能が乏しいことが事後に発覚し、結果として顧客満足度低下に影響してしまった」というような本末転倒と言えるような事例も実際に発生しています。

(2)　目的と事業規模に合わせた機能要件の洗い出し
　PMSには大規模なホテルに適しているシステムから、小規模ホテル・民泊に適しているものまで用途はさまざまです。事業規模に見合わないPMSを選んでしまうと、「機能不足で全ての業務に活用しきれない」、「機能過多で思うように使いこなせない」といった費用対効果の悪い状況に陥ってしまいます。
　施設の特性に応じた例として、複数の宿泊施設を運営しているのであれば、各施設の稼働状況や売上、予約状況を一括管理できる機能が搭載されていると非常に有効です。また、スタッフが少ない小規模ホテルであれば、シンプルな操作性で分かりやすく、少人数でも扱いやすい

PMSが向いていると言えます。

(3) 料金体系の考慮

　市場にはさまざまなPMS製品が存在し、その価格帯も幅広いです。基本機能を中心とした低価格帯の製品から、機能が充実した高価格帯のものまで、選択肢は非常に多岐にわたります。

　ライセンス費用のみに着目すると、低価格帯の製品が魅力的に映るかもしれませんが、前述で洗い出した機能要件を実現しようとしたときに、オプション機能追加やカスタマイズのための追加費用がかかり、結果的に総費用が高くつくことがあります。特にカスタマイズ費用は、ベンダーによって価格設定が異なりますので、注意が必要です。

　そのため、ライセンス費用だけでなく、初期導入時のカスタマイズ費用や運用コストを含めた総コストで評価することが重要です。最終的には、コストパフォーマンスに優れ、目的と事業規模に合致する製品を選ぶことが最良の選択と言えるでしょう。

(4) 周辺機器との連携の考慮

　宿泊施設においては、さまざまな機器が利用されます。そのため、PMS導入の際には、既存または新規で導入予定の周辺機器との連携が可能かは非常に重要なポイントです。

　カードキー、QRコード決済・クレジットカード端末、自動釣銭機など、宿泊施設の運営に欠かせない機器がPMSとスムーズに連携できるかどうかは、業務効率化と顧客サービス向上の鍵を握ります。

　そのため、導入検討中のPMSが周辺機器と互換性を持つかどうかを確認することは必須です。これにより、宿泊施設全体としてのシステム機能を最適化できます。

(5) トレンドや今後の拡張性の考慮

　デジタル技術の発達や非接触・非対面サービス需要などの環境変化へ

の対応などで、PMSは常に進化を続けています。アンテナを張り、「時代やニーズに即した機能を備えているか」、「他の管理システムと連携させやすいか」といった点を意識してPMSを選ぶことが重要です。

例えば、近年の宿泊業界では、PMS等によって得た顧客情報を利用して戦略立案を行うことが進んできています。この場合は、「自社のマーケティングに活用できる顧客管理機能やデータ分析機能が搭載されているか」という点が選定ポイントとして挙げられます。

２．個別課題・ニーズに応じた選定ポイントの具体例

PMS導入においては自社の業務に合わせた機能要件の洗い出しが重要と挙げましたが、実際にPMSソリューション毎にどのような相違が出るのか、具体例を紹介します。

(1) ホテル経営指標の把握

PMS導入目的の1つとして、データ蓄積・分析による客室別や部門別（婚礼・宴会・レストランごと）の採算管理・原価管理などの強化を挙げるケースが多くあります。

そのため、PMSの選定においては、そのシステムが自社のKPI（Key Performance Indicatorの略。重要業績評価指標）となるデータを取得できるかどうかが重要な要素の1つとなります。しかし、それぞれのPMSは機能や特性が異なり、製品によって取得できる指標が異なる場合があります。

宿泊業界において基本的な指標であるADR（Average Daily Rateの略。客室平均単価。客室平均単価＝売上合計額÷販売客室数）やOCC（Occupancy rateの略。客室稼働率。客室稼働率＝宿泊利用された客室数÷販売可能な客室数）などは比較的多くのPMSで取得が可能です。

一方で、RevPAR（Revenue Per Available Roomの略。販売可能な客室1室当たりの収益を表す値。RevPAR=客室稼働率（OCC）×客室平均単価（ADR））やGOPPAR（Gross operating profit per available roomの略。客室平均粗利益。GOPPAR ＝（営業売上合計－販売経費）÷ 販売可能客室総数）といった指標については、PMSに応じて取得可否が分かれるため、どこまでの管理ニーズ・要件があるのか、事前に定義しておくことが重要です。

他にも、TRevPAR（Total Revenue Per Available Roomの略。販売可能室一室当たり総売上高）は、レストランやスパなどの追加サービスの売上を含む全体的な利益管理が必要な施設にとっては重要な指標です。追加サービス分についてはPOSシステムとのデータ連携が必要になるケースがあり、その場合はPMS単体システムだけでは取得できないため、前節のソリューション組合せの観点からデータ取得可否を確認する必要があります。

さらにはPMSの周辺システムとなる、CRM（Customer Relationship Managementの略。顧客関係管理）システムの顧客満足度データや、会計システムの宿泊システム全体の経費データ、勤怠・人事管理システムの従業員の勤怠データや人件費データなど、施設全体・全社のさまざまなデータを一元可視化するニーズも考えられます。その場合は各システムを連携し、データを一元集約した上で、別途BI（Business Intelligenceの略。ビジネス・インテリジェンス。社内外に存在する大量のデータを集め、加工し、分析を行うことで、企業活動の意思決定に活用するITの取り組み）システムを導入すると、より効果的な分析・ホテル運営が可能となります。

以上から自社のKPIを事前に定義しておくことが非常に重要です。事

前に定義しておくことで、PMS選定及び、他システムとの連携・統合のポイントが明確となり、必要なデータ収集・分析が可能になります。

(2) 団体予約への対応

宿泊施設の基本業務においてもPMS製品ごとに相違があります。例えば団体予約が多い宿泊施設では、PMSが団体予約の業務に対応していることが求められます。一般的には**図表1**のような機能が必要です。

図表1　団体予約に関する一般的な機能

機能	内容
一括予約	・団体の代表者が、複数の部屋を一括して予約できる機能。予約手続きを簡素化し、効率的に処理することができる。
部屋割	・団体の代表者が、各部屋の人数やグループの構成に応じて、部屋の割り当てを行う機能。部屋の使用状況や稼働率を最適化することができる。
集金管理	・団体の代表者が、一括して料金を支払う場合に、その支払いの管理を行う機能。支払い処理を簡素化し、手数料の管理や入金状況の確認が容易となる。
ステータス管理	・団体予約がある場合、各部屋のステータス（予約中、チェックイン済み、チェックアウト済みなど）を管理する機能。各部屋の状況をリアルタイムに把握し、チェックインや清掃などの業務を効率的に管理することができる。

出所：山田コンサル作成

ただし、PMSの団体予約機能には、システムによって以下のような制限がある場合もあります。

- 代表者が予約した場合、部屋割や人数の変更ができない
- ニーズに応じて、料金や設備が異なる客室への割り当てが柔軟にできない
- グループ内で異なる日程や時間のチェックイン・チェックアウトができない

- 領収書に関して、客室ごとや宿泊客ごとに分割することができない

以上のような制限があるため、PMSの団体予約機能を利用する場合は、事前にシステムの仕様や制限を把握して、自社の業務に対応できるのか確認しておくことが重要です。

3．業態別の特徴とシステム選定ポイント

宿泊業界ではさまざまな業態が存在し、それぞれの業態に応じて顧客のニーズが異なります。重要なことは、「宿泊施設の規模や種類によって、ホテルシステムに求める機能が違う」という点です。

本章の最後に、代表的な業種となる「旅館」「ビジネスホテル」「シティホテル」の特徴と必要とされる重点機能について解説します。

(1) 旅館

① 特徴

　イ　旅館では、和風のサービスやおもてなしが重視されます。そのため、接客・サービス面の充実が重要なポイントとなります。顧客情報の管理や、リピーターへの特典設定など、顧客管理機能が充実していることが望まれます。

　ロ　また旅館では、宿泊以外のサービス（温泉、食事、アクティビティ等）も提供するため、それらを効率的に管理できるシステムが重要です。地域密着型の営業を展開している場合、地域情報やイベント情報を顧客に提供できるシステムも有用です。

② 重点機能

第6章　IT活用編

図表2　旅館に必要とされる重点機能

分類	機能
予約・料金管理	・旅館では季節やイベント、曜日によって宿泊率が大きく変動するため、季節やイベントに応じた柔軟な料金設定ができる機能が重要となる。 ・宿泊に含まれる食事（夕食・朝食）のプランが重要な要素になるため、宿泊客が予約時に理解しやすい内容で容易に選択できる機能が必要となる。 ・温泉や貸切風呂、露天風呂など旅館独自のサービスの予約管理や、サービス利用状況を管理できる機能が求められる。 ・旅館では観光などを含む包括的なプランが提供されることがあるため、これらのプラン管理や料金設定が容易にできる機能が求められる。
食事管理	・日本料理や季節の料理を提供するため、食事管理機能も重要なポイントとなる。食材の在庫管理やメニュー変更を容易にできる機能が求められる。
発注管理	・旅館では地元の食材を活かした料理が提供されることが多いため、地元食材の仕入先や仕入れ状況を管理できる機能が重要となる。 ・また板前が直接発注を行うケースもあるため、直感的に操作できるシステムが求められる。
顧客管理	・過去の宿泊履歴、食事の好みやアレルギー情報を、一元管理できる機能が重要です。これによりパーソナライズされたサービスを提供できる。 ・同様に、宿泊客からの問合せやリクエスト、クレームなどの対応履歴を管理し、サービス品質が向上できる機能が求められます。これにより、顧客サービス対応の向上が期待できる。

出所：山田コンサル作成

(2)　ビジネスホテル

① 特徴

　イ　ビジネスホテルは、その名の通り主にビジネス利用（出張や短期滞在）を目的とした宿泊施設です。そのため効率性と利便性が特に重要です。

　ロ　予約管理、チェックイン・チェックアウトの迅速化、料金設定などを効率化できることが求められます。またインターネット予約やスマートフォンアプリとの連携も重要で、顧客が容易に予約できるようにすることが求められます。

　ハ　また、ビジネス利用に適した機能が求められます。例えば、会議室予約やランドリーサービスなどが挙げられます。

② 重点機能

図表3　ビジネスホテルに必要とされる重点機能

分類	機能
予約管理	・宿泊客が予約や変更を行う際、シンプルな操作性・プロセスが求められます。ビジネス客は移動中に予約することもあるため、スマートフォンやタブレット等のモバイルデバイスに最適化された設計が必要となる。
法人契約管理	・ビジネスホテルでは法人契約が多いため、法人契約や特別料金プランを容易に管理できる機能が重要となる（法人顧客向けの割引や特典の効率的な設定・適用）。
団体予約	・同様に団体客も多いため、団体客向けの一括予約や特別料金プラン・割引を容易に設定・管理できる機能が求められる。 ・また団体客の部屋割りを部屋タイプや性別、グループごとに簡単に調整できることも重要となる。
チェックイン・精算	・ビジネス客はチェックイン・チェックアウトの手続き迅速化のニーズが高いことから、セルフチェックインやキーカードの発行を行うシステムが求められる。
請求・精算	・ビジネス客の経費精算の効率化のため、オンライン決済や領収書発行機能の提供も求められる。 ・また、法人契約に対応した請求書発行や団体客向けのまとめ精算機能が求められる。
顧客管理	・割引やポイント制度を導入し、宿泊客のリピート利用を促すためのシステムが重要となる。

出所：山田コンサル作成

(3) シティホテル

① 特徴

　イ　シティホテルは、主に都市部に位置し、観光やビジネスなどを目的とした宿泊施設で、幅広い客層を対象としています。

　ロ　レストランや宴会場、スパやフィットネス、プールなどさまざまな施設・サービスがあり、それらの予約や利用状況を一元管理できることが求められます。

　ハ　また、ウェディングやイベントの開催としても利用されるため、これらの企画・運営を円滑に行うための日程・詳細情報を管理できることも求められます。

　ニ　その他、デジタルサイネージやインタラクティブな情報提供システムを活用し、海外客を含む宿泊客に最新の情報やイベントを多言

語対応で提供することも重要です。

② 重点機能

図表4　シティホテルに必要とされる重点機能

分類	機能
予約管理	・シティホテルではさまざまな客室タイプ（シングル、ダブル、スイートなど）があり、多様な客室タイプに対して、部屋割りや料金設定が容易に行える機能が重要となる。 ・またさまざまな割引や特典プラン（早期予約割引、連泊割引、シーズン割引など）が提供されるため、これらを効率的に管理し、料金設定できる機能が求められる。
レストラン管理	・施設内の複数のレストランやバーの予約状況をリアルタイムで把握し、確認・変更・キャンセルが容易に行えることが求められる。 ・メニューの内容や価格、アレルギー情報などを管理でき、売上データを一元管理できる機能が求められる。
婚礼・宴会管理	・婚礼や宴会の予約状況やスケジュールを一元管理できる機能が重要となる。 ・また、顧客の要望や予算に応じた婚礼や宴会のプラン・見積作成や、請求書の作成・管理が容易に行える機能も重要となる。
顧客管理	・シティホテルでは独自のロイヤリティプログラムやポイント制度が導入されることがある。リピーター客獲得やブランドロイヤリティ向上のため、これらのプログラムや制度を効果的に管理できる機能が必要となる。 ・また、売上データや顧客属性、宿泊履歴などのマーケティング分析機能や、ターゲットに合わせたプロモーションや特典情報の配信を自動化できるマーケティングオートメーション機能が求められる。

出所：山田コンサル作成

　ただし、業界ごとの特徴やニーズは、単一の分類で完全にカバーできるわけではないため、上記はあくまでも一例に過ぎません。繰り返しとなりますが、各宿泊施設の特性や運営方針に合わせたシステム選定が重要となります。

IT活用編チェックシート

☐ 人口減少の問題を抱えている日本国内において、観光業は成長産業の柱として期待されており、観光庁は各観光地が抱える課題を解決するためにはデジタルトランスフォーメーション（DX）の推進が必要であると位置づけている。

☐ 観光業全体と同様に、宿泊業のDX化は期待を持たれている分野であるが、観光業全体以上に小規模事業者が多く、DX化の前段階であるデジタル化が進んでいない。

☐ 宿泊業界は長年、人手によるホスピタリティ、いわゆる「おもてなし」といったソフト面を重視した運営を行ってきたが、環境変化への適応と持続可能な経営を実現するためには、デジタル導入・活用といったハード面を組み合わせた対応も積極的に取り組んでいく必要がある。

☐ デジタル活用は、顧客満足度を高めることでのリピート率の向上、業務の省力化・自動化による人手不足対策・コスト削減、安全な環境提供・外部発信によるブランド信頼性の形成などに貢献する。取り組みの目的・狙いを明確にした上で、適切なデジタル活用を進めていくことが重要。

☐ ホテルシステム全体で捉えた場合、各ソリューションが宿泊施設の特性に合わせて最適な組み合わせとなっている必要がある。そのためには、PMS（ホテル・旅館の予約から客室管理、請求までを処理する宿泊施設の基幹システムのこと）と周辺システムとの間のスムーズなデータ連携と、機能の相互補完性が担保されているかの確認が特に重要。

☐ 最適なホテルシステムを選定するためには、まず導入目的と業

務要件との適合性を確認することが必要。加えて、初期費用と運用コストを含めた総コスト、周辺システムや機器との連携性、将来的な拡張性の確認が必要となる。これら複数の要素を総合的に評価し、費用対効果を最大化するアプローチが求められる。

第7章

M&A編

31　宿泊業界のM＆A動向

Q 宿泊業界のM＆A動向について教えてください。

POINT M＆Aは、経営課題の解決策として認知が広がり、全業種のM＆A件数は近年増加傾向となっている一方で、宿泊業のM＆A件数は、特に2010年代以降、新型コロナの影響に関わらず横ばいが続いている。しかし、後継者問題や建物の老朽化などの諸問題を抱える「潜在的な譲渡企業」は多く存在し、今後の観光産業の活性化も期待されることから、宿泊業のM＆A件数が増加する可能性は高いと考えられる。宿泊業のM＆Aは、①ホテル・旅館グループによる買収・出資、②地場企業・地域ファンドによる買収・出資、③異業種からの参入が代表的な類型であり、他にも買い手となる企業群の裾野が広いのが特徴である。

A

1．日本の全業種M＆A動向

　日本の全業種におけるM＆A件数は、2009年のリーマンショックや直近の新型コロナウイルスの影響による一時的な減少があったものの、公表件数としては2000年の1,677件から2023年には4,015件と、年々増加しています。

第7章　M＆A編

図表1　全業種のM＆A件数推移

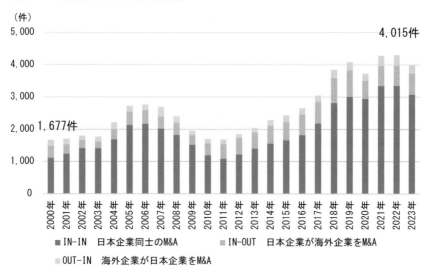

出所：レコフM&Aデータベースより山田コンサル作成

　増加の要因はいくつかあります。まず、日本には事業承継問題を抱えている企業が多く、適任の後継者が不在であるケースが多いことが挙げられます。これに加え、これまではM＆Aは「身売り」や「乗っ取り」といったネガティブなイメージが強かったのですが、M＆Aに関する連日の報道やM＆A業者、金融機関などによる広告やセミナーなどの活発な周知活動により、M＆Aが企業存続の有効な手段であるとの理解が広がり、抵抗感が薄れてきました。

　また、M＆Aの買い手環境の変化にも要因があります。あらゆる業界で産業の成熟化が進んだこと、そして経営のスピード感が昔に比べて圧倒的に早くなってきたという背景から、企業独自での成長よりもM＆Aを活用して事業規模や事業領域を拡大することが一般的となっています。これが、企業の成長や多角化を目指す方法として、M＆Aを志向する企

業が増えてきた一因となっています。

　その他の要因も存在しますが、全体的に見ると、売り手でも買い手でも、M＆Aが経営課題の解決策として認識され、手法としての存在感が増してきていると言えます。

２．宿泊業のM＆A動向

　宿泊業のM＆A件数は、全業種のM＆A動向とは異なる傾向を示しています。2000年代中盤にピークを迎えた後、2012年以降は年間約30件程度で横ばいの推移となっています。

図表2　宿泊業のM＆A件数推移

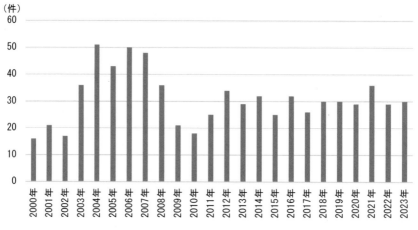

出所：レコフM＆Aデータベースより山田コンサル作成

その背景とともに、時代ごとに環境を解説します。

〈2000年代の傾向〉

　宿泊業のM＆A件数が2000年代中盤にピークを迎えた背景として、主

に3つの要因が挙げられます。

　第1に、譲渡側企業における環境変化が挙げられます。1990年代のバブル崩壊以降、ホテル・旅館業界の需要が大きく変化しました。その結果、建設当初に想定していた顧客層や収益構造が一変し、不採算となったり、借入金と収支が見合わなくなったりしたホテル・旅館が多く存在するようになりました。大手企業が多角化経営の一環として宿泊業を経営していたことも多く、2003年の「固定資産の減損に係る会計基準の適用指針」の公表と、それに伴う減損会計の導入により、ホテル・旅館経営の見直しは加速しました。

　第2に、旅館・ホテルの譲渡を促進する環境整備が進んだことです。2000年に施行された民事再生法や、2002年に小泉内閣が発表した金融再生プログラムが挙げられます。金融再生プログラムは、金融機関の財務健全化と企業再生環境整備を目指すものであり、それまで塩漬けとなっていた企業の不良債権はオフバランスや再生処理を迫られました。さらに、整理回収機構、産業再生機構、中小企業再生支援協議会などの機関が整備され、M&Aを通じた外部のスポンサーへの譲渡が、金融機関から推進されるようになりました。

　第3に、外資系企業・ファンドの存在が挙げられます。この時期、バブル崩壊で疲弊した日本の不動産を狙った外資系企業・ファンドが、巨大な資金力を背景に、ホテルやゴルフ場、リゾート施設を相次いで買収しました。2007年3月に国土交通省が公表した「観光投資に関する調査・研究報告書」には、外資系企業・ファンドによる買収事例がまとめられています。

図表3　外資系企業・ファンドによる2000年代のホテルの買収事例

買い手	ホテル名	所在地	売買日	ホテル名	所在地	売買日
イシン・ホテルズ・グループ	リーガロイヤルホテル成田	千葉県	2001年1月	沖縄不二ホテル	沖縄県	2004年12月
	京都ロイヤルホテル&スパ	京都府	2001年3月	ホテルライオンズプラザ名古屋	愛知県	2005年3月
	大阪なんばプラザホテル	大阪府	2003年7月	セルリート小樽	北海道	2005年5月
	ホテルパーデンス六本木	東京都	2004年3月	サンルート赤坂	東京都	2005年12月
	インターナショナルガーデンホテル成田	千葉県	2004年9月	ホテル成田エアポートワシントンホテル	千葉県	2006年1月
	鹿児島東急ホテル	鹿児島県	2004年10月	八王子プラザホテル	東京都	2006年2月
	マルコーイン東京	東京都	2004年11月	サンマリーナホテル	沖縄県	2006年2月
	シャンピアホテル赤坂	東京都	2004年12月	ココガーデンリゾートオキナワ	沖縄県	2006年
	大津シャンピアホテル	滋賀県	2004年12月	ルネッサンスリゾートオキナワ	沖縄県	2006年
	シャンピアホテル防府	山口県	2004年12月			
ゴールドマン・サックス系	新神戸オリエンタルホテル	兵庫県	2003年2月	ホテル日航アリビラ	沖縄県	2004年11月
	神戸メリケンパークオリエンタルホテル	兵庫県	2003年2月	古牧温泉渋沢公園	青森県	2003年4月
	なんばオリエンタルホテル	大阪府	2003年2月	いずみ荘	静岡県	2005年1月
	ホテルセントラザ博多	福岡県	2003年2月	広島ワシントンホテルプラザ	広島県	2006年3月
	チサンポートフォリオ (23物件)	―	2003年	長崎ビューホテル	長崎県	2004年11月
ローンスター系	ホテル日航豊橋	愛知県	2003年4月	ホテルシップビクトリア	長崎県	2004年11月
	ホテイイン京都	京都府	2003年4月	神戸ベイシェラトンホテル&タワーズ	兵庫県	2005年4月
	トーヨーホテル	北海道	2004年1月	石垣グランドホテル	沖縄県	2005年8月
	シェラトンホテル札幌	北海道	2004年1月	沖縄マリオットリゾート・かりゆしビーチ	沖縄県	2006年3月
	旭川パレスホテル	北海道	2004年1月			
モルガン・スタンレー系	ホテルイルモンテ	大阪府	2003年8月	ホテルサンフラワー札幌	北海道	2004年9月
	新神戸オリエンタルホテル	兵庫県	2004年2月	ウェスティンホテル東京	東京都	2004年11月
	東洋ホテル	大阪府	2004年9月	京都国際ホテル	京都府	2004年11月
	ホテルルートイン五反田	東京都	2004年9月	京都パークホテル	京都府	2004年12月
リーマンブラザーズ系	東京第一ホテルオキナワグランメールリゾート	沖縄県				
リップルウッド	フェニックスシーガイアリゾート	宮崎県	2001年6月			
AIG	ホテルオークラ神戸	兵庫県	2002年4月			
コロニーキャピタル	シーホークホテル&リゾート及び福岡ドーム	福岡県	2004年3月			

出所：国土交通省「観光投資に関する調査・研究報告書」

第7章　M＆A編

〈2000年代末から2010年代中盤までの傾向〉

　2000年代のバブルの清算という状況は、2008年〜2009年頃に変化を迎えました。2008年のサブプライム問題やリーマン・ショックにより、外資系企業・ファンドの投資熱が一気に冷めました。さらに、当時の金融担当大臣であった亀井静香氏の下で、「中小企業金融円滑化法」が2009年12月に施行され、状況が大きく変化しました。

　この法律は、「中小企業者等の借り手から貸付条件の変更等の申込みがあった場合には、金融機関はできる限りこれに応じるよう努力することを義務付ける」という内容で、返済条件変更が行われても、貸出債権を不良債権に分類しないなど、債権評価の基準が大きく緩和されました。これは、中小企業の資金繰りが改善されたと評価する一方で、いわゆる「ゾンビ企業」を多数生み出し、新陳代謝が妨げられたという批判もあります。この法律により、これまで金融機関の不良債権処理の一環として進められてきたM＆Aが減少することになりました。

　また、2012年以降、訪日外国人が増加しインバウンド需要が増えたため、それまで国内需要中心だった宿泊業において収支改善の兆しが見え始めました。このように、2000年代に増加した3つの要因全てが緩和され、M＆A件数は一定数に落ち着いたと考えられます。

〈2010年代中盤以降の傾向〉

　2010年代中盤からインバウンド需要の増加により、宿泊業への新規参入を計画する企業が増えていました。しかし、2020年に新型コロナウイルスの流行とそれに伴う渡航制限が発生すると、買収ニーズは低迷しました。宿泊者数の激減により困難な状況に立たされた企業の中には売却を模索する動きも見られましたが、価格条件が折り合わないことが多く、また、新型コロナウイルスに対する各種支援策（コロナ融資、休業支援

金、雇用調整助成金、給付金など）により資金繰りが改善されたことから、実際に譲渡に至るケースは少なく、M&Aの取引件数は限定的でした。

　しかしながら、観光産業は地域活性化の鍵となり、日本が観光立国を目指す上で重要な柱です。新型コロナウイルスの影響が収束した後（アフターコロナ）には、新型コロナウイルス流行前以上の活性化が見込まれます。後継者問題、人材不足、労働生産性の向上、施設の老朽化などの課題を抱える潜在的な譲渡企業は多数存在します。そのため、将来的にはM&A件数が再び増加する可能性が十分にあります。

3．宿泊業M&Aの類型

　宿泊業のM&Aは、買い手のタイプによりさまざまな類型が存在します。本節では過去の取引事例に触れながら説明します。
① 　ホテル・旅館グループによる買収・出資

　同業者間のM&Aで、最も一般的なケースと言えます。買い手となる企業は多くの場合、既に複数のホテルや旅館を運営しており、既存店で培った集客力や運営ノウハウを買収先企業に導入することで収益の拡大を目指します。宿泊業は個々の施設の個性が強く、卸売業や小売業のような規模の経済が働きにくいのですが、システム化された料金設定や原価管理などにより生産性を高めることが可能です。また、グループ内で優秀な人材の派遣・共有なども可能となります。売り手側にとっては、譲渡後の姿が予測しやすく、譲渡後の運営に対する安心感も得られます。

　具体的な取引事例は下記のとおりです。
　・ホテルマネージメントインターナショナル（HMIホテルグループ：東京都）による勝浦ホテル三日月、小湊ホテル三日月（ともに千葉

県）の買収（2021年12月）
- 星野リゾート（長野県）による雲仙富貴屋（長崎県）の買収（2018年5月）
- 大江戸温泉物語グループ（東京都）によるホテル水葉亭（静岡県）の買収（2016年9月）

② 地場企業・地域ファンドによる買収・出資

　宿泊業は、他の産業と異なり、地域の観光産業の中核を担う重要な業種です。観光消費を地域全体で促進し、地元の雇用を創出するとともに、食材や土産品などを地域内で調達することから、地域経済への分配効果も大きく、地域経済にとって欠かせない存在となっています。さらに経済的な側面だけでなく、災害時の避難受け入れや伝統文化の保存など、社会的な意義も持っています。ホテル・旅館がなくなることは、その地域の死活問題となりうるため、近年は地場企業や地域ファンドが地域活性化や支援を目的として買収や資本参加を行うケースが増えています。これらの動きは、地域の観光資源をネットワーク化し、地域資源を最大限活用しながら、地域全体としての活性化を目指す動きとなっています。

　具体的な取引事例は下記のとおりです。
- ヤドロク（長野県）による志賀高原オリンピックホテル（長野県）の買収（2022年12月）
- 瀬戸内ブランドコーポレーション（広島県）による西山旅館（広島県）の買収（2022年3月）
- 西石油グループ（大分県）によるホテル別府パストラル（大分県）の買収（2021年4月）
- ほくほく応援ファンド投資事業有限責任組合（富山県）によるよろづや観光（石川県）への資本参加（2018年6月）

③ 異業種からの参入

　宿泊業は、「地域性」という特性に加え、飲食、ファッション、冠婚葬祭、エンターテインメントといった側面もあるため、さまざまな異業種が買い手となるケースが見られます。異業種からの参入者は、既存事業の顧客基盤や取引先とのネットワークを活用して新たなコンセプトを打ち出し、リニューアルして開業するケースが多い傾向にあります。過去には大手企業の事業多角化の一環としての参入が多く見られましたが、近年では急成長する中堅・中小企業による参入が増えています。

　具体的な取引事例は下記のとおりです。
・バッグ製造販売のバルコス（鳥取県）による温泉旅館「明治荘」（鳥取県）の買収（2022年7月）
・フォトスタジオ事業、ウェディング事業等を手掛ける小野写真館（茨城県）による温泉旅館「桐野のかほり咲楽」（静岡県）の買収（2020年10月）
・グローバルWi-Fi事業等を行うビジョン（東京都）による温泉旅館業「こしかの温泉」（鹿児島県）の買収（2021年11月）

　その他にも、不動産、鉄道、金融などさまざまな業界の企業が宿泊業を買収するケースがあります。宿泊業は施設型ビジネス、地域活性化、訪日外国人（インバウンド）、食、レジャー、エンターテインメント、ファッションといった多岐にわたる要素と密接に関わるため、買収する側の業種は、他の業種に比べて多様性に富んでいます。

第7章　M＆A編

32　宿泊業界のM＆Aの特徴

Q 宿泊業のM＆Aの特徴について教えてください

POINT 宿泊業における成長において、規模拡大つまり客室数の増大を実現するために譲受側の企業は手段としてM＆Aを実行することが多い。譲受企業はM＆A後に買収資金とは別にリニューアル投資が必要となるケースが多く、投下資金の回収が長期に及ぶ。更に、働き手の確保が難しい業種であるため、買い手企業には長期的な視点にたったビジョン・計画が求められる。一方、譲渡側企業のM＆Aの動機・目的にはさまざまな複雑な背景があり一概には語れないが、主に①事業承継型、②成長志向型、③資源集中型、④事業再生型の４つに大別される。

A

本書では、M＆Aの動機・目的について、譲渡側の観点で解説をするとともに、併せて、取引形態（スキーム）、M＆A後の運営方針について解説します。

１．M＆Aの動機、目的（譲渡側）

　一般的に、M＆Aは企業の株主や経営者が企業や事業の譲渡を検討することから始まります。M＆Aは買い手と売り手の双方がいなければ成立しないため、たとえ買い手が多く存在したとしても、売り手がいなければM＆Aは始まりません。一般的に、M＆Aでの譲渡を検討する動機や目的は以下の４つに大別されます。

① 事業承継型
② 成長志向型
③ 資源集中型
④ 事業再生型

① 事業承継型　～宿泊業における事業承継型M＆Aは難しいか？～
　事業承継型は、文字通り、適任な後継者が不在であり、後継者を外部に求めるタイプのM＆Aです。日本では、経営者の高齢化が社会的な課題となっており、この背景からM＆Aが事業承継の一手段として広く認識されてきました。しかし、宿泊業では他の業種とは異なり、事業承継型のM＆Aは、なかなか進んでいない印象があります。
　その理由の1つは、家業の側面が強いことが挙げられます。宿泊業の約65％は資本金1千万円未満の小規模事業者であるため家業的な側面が強く、また、地域性も強いことから、外部に後継者を求めることに対して心理的な抵抗感が大きいと考えられます。

第 7 章　Ｍ＆Ａ編

図表 1　事業者規模

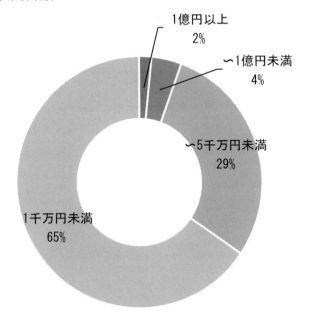

出所：法人企業統計調査

　結果として、Ｍ＆Ａを検討することなく、休業・廃業を選択する企業も多いとされています。

　2つ目の理由は、借入金依存度の高さです。事業承継型Ｍ＆Ａは、「ハッピーリタイア」という言葉がある通り、既存の純資産に加えて創業者利得である営業権分も譲渡価格として受け取ることが大きな魅力となりますが、法人企業統計調査によると宿泊業の借入金依存度（＝借入金合計/資産合計）は業界全体で66.2％、小規模（資本金1千万円未満）では91.5％と、全業種の中で最も高く、施設の開業時や大規模改装時の借入金が長期に渡って残存し、完済までに相当な時間がかかる企業が多くなっています。借入金が多額に残っている場合、株式価値を付けるこ

とが難しく、創業者利得を得ることが困難なケースが多くあります。

しかし、宿泊業においても経営者が60歳以上の割合は60％以上と高く、経営者の高齢化は進んでいます。また、観光庁の調査によれば、「事業承継をしたいが進んでいない」と回答した事業者の割合も約30％となっており、潜在的には事業承継問題を抱えていると言えます。

図表2　事業承継問題

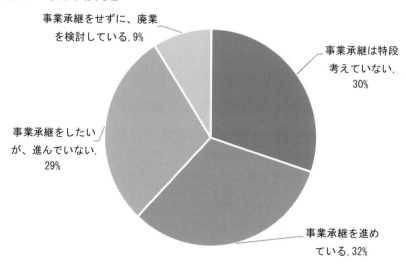

出所：観光を取り巻く現状及び課題等について（観光庁）

飲食業や印刷業など、小規模事業者が多い他の業種でも、周囲が気づかないまま廃業となるケースは存在します。しかし、宿泊業の場合は、一度廃業となると地域の重要な観光資源が失われ、地域の魅力が低下する恐れがあります。このため、後継者問題を抱える企業があれば、経営者だけでなく、金融機関や顧問の会計事務所なども関与し、視野を広げてM＆Aという選択肢があることを周知し、借入金等の問題に早めに対

第7章　M&A編

策を打つことが肝要です。

② 成長志向型　～宿泊業にとっての成長とは？～

　成長志向型とは、自身でそのまま経営するより外部の大手企業やノウハウを有する企業の傘下に入ることで、企業や事業の成長を加速させることを目的とするタイプのM&Aを指します。企業や事業が成長し、売上や従業員数が一定規模に達すると、経営のやり方を変えていく必要が生じます。これは「成長の壁」とも称され、その壁を乗り越え、再成長を目指すためにM&Aを行うというのは合理的な判断と言えます。

　しかし、宿泊業の場合はどうでしょうか。ホテル・旅館が中心の宿泊業では、土地・建物の設備投資が先行し、宿泊料収入等によって投資回収（借入金の返済）するビジネスです。初期投資した宿泊施設のキャパシティや立地（繁忙期・閑散期）により、売上や従業員の上限がほぼ決まってしまいます。成長の方向性としては、施設数を増やす多店舗展開や閑散期の稼働率向上、地産品や観光施設の開発、物販・料飲拡大などが考えられます。しかしそれをM&Aによって達成するという考え方はあまり一般的ではなく、「M&Aによって成長できる」というイメージがなかなかつきにくい業種です。そのため、成長を動機とした前向きなM&A（売り）を志向することは少ないと考えられます。

③ 資源集中型　～ガバナンス強化等により、今後も一定数存在～

　資源集中型とは、多角的な事業を行っている企業が、事業の選択と集中を行うためにM&Aを行うタイプを指します。これはカーブアウトとも呼ばれます。2021年10月に、日本郵政株式会社は、全国32施設ある「かんぽの宿」を株式会社マイステイズ・ホテル・マネジメント他数社に事業譲渡することを発表しました。日本郵政株式会社のリリースによると、譲渡の理由は以下の通りです。

- かんぽの宿事業は、当社が承継する前から恒常的な赤字体質であった。
- 不採算施設の廃止、一部リニューアル等経営改善を進めてきたが、新型コロナウイルス感染症の影響が大きく、収支改善の目途が立たない。
- 一方で、日本郵政グループは、郵便物数の減少、低金利環境の継続など、非常に厳しい事業環境に置かれている。
- グループの経営健全化が求められる中、経営資源をコアビジネスの充実・強化と新規ビジネス等の推進に振り向け、ビジネスポートフォリオを転換させることが不可欠である。
- 地域の貴重な集客拠点・雇用の場として存在し続けるため、ホテル・旅館の運営に実績又は意欲を有する事業者等への譲渡が最善と判断した。

　かんぽの宿事業の売却は、政治的な要素も絡んだ複雑な経緯がありますが、わかりやすい例として取り上げました。高度成長期に多角化の一環として宿泊事業に参入した企業は、既に撤退や売却などを行い、一巡した状況にあります。しかし、オーナー個人の趣味・嗜好によって保有し続けている企業や、インバウンド需要に商機を見出して新型コロナ前に新規参入した企業も存在します。企業のガバナンス強化や株主などからの監視が厳しくなる中、事業の選択と集中を図るために外部への売却を選択する動きは、今後も一定数あるものと考えられます。

④　事業再生型　～事業承継問題と絡めて、宿泊業では主流であり続ける～

　最後に紹介するのは、事業再生型のＭ＆Ａです。これは赤字や債務超過の企業や事業を健全化させるために行われるＭ＆Ａで、このタイプのＭ＆Ａの買い手は「スポンサー」と呼ばれます。第31節で見た通り、

第7章　Ｍ＆Ａ編

　2000年代でも事業再生型のＭ＆Ａが多く行われていました。しかし、バブル期以降の市場の長期的な縮小、リーマンショックや東日本大震災、新型コロナウイルスの感染拡大など大きなマイナス影響が続いています。これらの影響により、開業時の事業計画で見込んだ収益が得られず、投資の回収（借入金の返済）が進まない企業が相当数存在すると推察されます。

　事業再生型のＭ＆Ａは、債権放棄など根本的な金融支援が必要となることが多く、個人保証や今後の生活費の確保に対処しなければならないため、オーナーや経営者から見て積極的に進めにくいものです。過去には金融正常化を目指して金融機関が債権放棄を含む金融支援を積極的に行っていましたが、中小企業円滑化法の施行以降、金融機関にとって根本的な金融支援に対するインセンティブは少なくなっています。

　しかし、不採算や債務超過の状態の会社を引き継ぐ後継者を親族や社内から見つけるのは困難であり、地域振興の核となる宿泊業が廃業・倒産となるよりも、金融支援を通じて地域の雇用を守る方が合理的と言えます。そのため、今後は事業承継と事業再生を契機としたＭ＆Ａが増えてくると考えられます。

２．取引形態（スキーム）

　Ｍ＆Ａは企業や事業の売買、あるいは資本的な取引を総称した言葉であり、その取引形態（スキーム）はいくつかあります。代表的なものとしては株式譲渡と事業譲渡が挙げられます。

　株式譲渡とは、譲渡対象会社が発行する株式を譲渡し、その会社の支配権を獲得する取引形態を指します。これにより、譲渡対象会社が有する権利、義務、資産、負債の全てを譲り受けることが可能となります。一方、事業譲渡では譲渡する権利、義務、資産、負債を特定し、その一

部を限定的に譲渡します。通常のM＆Aでは株式譲渡が最も一般的な取引形態ですが、宿泊業の場合、事業譲渡が多く取られ、全体の3割以上が事業譲渡という取引形態をとっています。さらに、M＆Aには分類されないため公表データはありませんが、不動産譲渡による取引も相当数あるものと考えられます。

株式譲渡、事業譲渡、不動産譲渡という3つの主要な取引形態を比較したものが**図表3**です。他にも会社分割や合併を活用した取引も存在しますが、この3つが主要な選択肢となります。取引形態を選択する際のポイントを以下に解説します。

図表3　3つの取引形態

	株式譲渡	事業譲渡	不動産譲渡
概観	（株主→買い手の対価、対象会社）	（対象会社→買い手の対価、宿泊事業）	（対象会社→買い手の対価、不動産）
譲渡対象	対象会社の株式	対象事業（対象は個別に定める）	対象不動産
対価の受領	株主	対象会社	対象会社
譲渡益の取り扱い	個人の場合所得税（分離課税）法人の場合法人税	法人税	法人税
労働契約（従業員）	承継	承継可能（相手方の同意が必要）	承継しない
潜在債務・偶発債務	承継	原則、承継しない	承継しない
その他の権利・義務	承継	承継可能（相手方の同意が必要）	承継しない
許認可	承継	原則、新規取得	原則、新規取得

出所：山田コンサル作成

① 承継対象（資産・負債等）の範囲

承継を希望する資産や権利、取引が広範で包括的に承継する必要があ

る場合、または特定することが難しい場合には、法人そのものを承継する株式譲渡が一般的であり有利です。しかし、宿泊業の場合、最大の資産は宿泊施設やその土地といった有形固定資産であり、顧客の大半が一般消費者であるため、取引口座の獲得といった営業取引自体に大きな価値はありません。したがって、包括的に承継する必要性はそれほど大きくありません。

　また、負債の観点から見ても、初期投資や追加投資の借入金が残っていることが多く、これらをそのまま引き継ぐことが難しい場合、株式譲渡は適していないことが多く、そのような場合は事業譲渡や不動産譲渡が選択されます。借入金を直接債権放棄し、その後に株式譲渡を行うスキームも考えられますが、債務免除益の発生や、取引金融機関の同意取り付けの観点から、株式譲渡の難易度は高いと考えられます。従業員や取引先との契約、権利等を一括で承継したい場合は事業譲渡を選択し、不動産のみを譲渡し、その他は新規に考える場合は、不動産譲渡の形態を選択することになります。

② 　手続きの難易度

　株式譲渡は法人の株式を株主から相手方に譲渡する手続きで、法人格や事業そのものには手をつけないため、非常にシンプルな手法です。そのため、法人に特別な問題がない場合、一般的には株式譲渡の取引形態が採用されます。

　それに対し、事業譲渡は資産譲渡に似た取引形態で、取引先との取引契約、従業員との雇用契約など、契約ごとに同意を得たり、再締結したりする必要があります。また、許認可についても新たに取得する必要があります。不動産譲渡についても同様のプロセスが必要です。

　宿泊業の場合、他の業種と比較して従業員は比較的少なく、法人取引も限られており、また、許認可の新規取得の難易度も低いため、事業譲

渡や不動産譲渡を選択するハードルは低くなります。特定の業種では、許認可の承継のために会社分割を選択することもありますが、宿泊業の場合は新規取得に大きな問題は生じないため、多くの場合は事業譲渡となります。

③ 簿外債務等リスクの遮断

株式譲渡の場合、法人が持つ資産・権利・負債・義務が全て承継されますが、これには簿外債務も含まれます。宿泊業では、中抜け勤務や夜勤を含むシフト制勤務により、長時間労働となりやすく、労務管理が適切に行われていない場合、未払い残業代の簿外リスクを抱えていることもあります。また、外国人労働者を雇用している場合、在留資格や同一労働同一賃金制度の問題も存在します。簿外リスクが懸念される場合、リスク遮断のために、事業譲渡スキームが選択されることがあります。

④ 創業者利得

最後のポイントは創業者の利益です。これまでのポイント①～③は主に買い手側の視点に立ったものでしたが、これは売り手側の視点です。事業譲渡や不動産譲渡は、宿泊施設を所有する法人と買い手との取引ですが、株式譲渡は、株主と買い手の間の取引です。売り手が個人であり、売却対価を個人で受け取りたい場合、譲渡益が分離課税となるなど、株式譲渡は手取り金額の面で有利となる場合があります。事業譲渡や不動産譲渡の場合、売却対価を受け取るのは法人であるため、その後、株主である個人に戻すためには配当等を行う必要があり、個人としての手取り金額は少なくなる可能性が高まります。

これらのポイントを踏まえ、売り手と買い手双方が納得する取引形態を決定します。財務が健全で、管理も適切に行われ、簿外債務のリスクも低く、そして株式価値が十分につく状況では、株式譲渡を選択します。

逆に、借入金が多かったり、簿外債務等のリスクが大きかったりする場合は、事業譲渡や不動産譲渡を選択するという判断が一般的です。

3．M＆A後の運営方針

　宿泊業のM＆Aは、M＆A後の運営方針にも他の業種とは異なる特徴があります。

　第1に、リニューアル等の追加投資が必要となることが多いという特徴です。M＆A後、宿泊施設をそのまま運営することもありますが、閑散期に一時休館してリニューアルを行い、再オープンする事例が多く見られます。事業再生型のM＆Aが多く、収益改善のためには施設の魅力向上が必要であるほか、宿泊業の経営課題として施設の老朽化が進行していることも大きな理由です。買い手にとっては、株式や事業の譲受対価以外にも投資資金が必要となり、投資回収期間が長くなる傾向にあるため、その投資を見越した上で、長期的な視点で投資回収計画を慎重に検討する必要があります。

　第2に、人材の問題です。特に小規模の宿泊業では、オーナーが館主、その配偶者が女将など、オーナー・経営者及びその家族が施設の運営を行っていることが多く、オーナーが退任する場合には、その分の人材を補充する必要があります。宿泊業は地方観光地に所在することも多く、人材確保が業界的な課題となっています。人材の採用・確保が順調に進まなければ、サービス水準の維持が難しく、また、派遣スタッフ依存により人件費がかさむ可能性があります。

　第3に、地域との融合です。宿泊施設自体の魅力に惹かれて利用する消費者もいれば、観光地を先に決めてからその地域の宿泊施設を選ぶ消費者もいます。したがって、宿泊施設単体だけでなく、その地域の魅力を引き出し、伝えていくことが重要となります。特に、地域外の事業者

が買収した場合には、地域の他の施設や地域住民との融合が重要となります。

　宿泊業のM＆Aに限らず、M＆Aは取引実行して終わりではなく、実行した後からが本当の始まりです。特に宿泊業は、景気や社会動向に左右されやすく、長期的な経営難易度が高い業種であるため、買収に当たっては、具体的で長期的なビジョンを持ち、着実に経営していく必要があります。

第7章 M＆A編

33 M＆Aを進める上での留意点

Q M＆Aを進める場合、どういった点に留意が必要ですか。譲渡側（売り手）と譲受側（買い手）に分けて教えてください。

POINT 譲渡側（売り手）にとっては、M＆Aは極めて重要な決断となるため、M＆Aの手続きに入る前の初期検討を入念に行い、事前に準備をしておくことが大切である。宿泊業の市場環境は変動が大きく、買い手の需要動向も左右されることから、手続きを進めるタイミングを見計らうことがポイントになる。譲受側（買い手）では、業種の特性上、特に不動産と労務に関するデュー・デリジェンスが大切である。また、事業再生型のM＆Aの場合は、通常のM＆Aとは異なり、金融機関等の債権者も含めて慎重に進める必要がある。いずれの場合も、知見を有する各種専門家の関与の元で進めることを推奨する。

A

一般的なM＆Aプロセスは、**図表1**の通りです。多くの場合は譲渡側（売り手）が起点となり、大まかな流れとしては、譲渡側（売り手）がM＆Aを行うべきか初期検討・準備を行った後、譲受を希望する候補先企業の探索を始めます。候補先が現れたら、1社と独占交渉権を含む基本合意書を締結した後、譲受側（買い手）が対象企業・事業の詳細調査（デュー・デリジェンス）を行い、最終契約を締結、決済を行う流れとなります。本書では、譲渡側（売り手）と譲受側（買い手）それぞれの重要なポイントを説明します。

図表1　一般的なM&Aプロセス

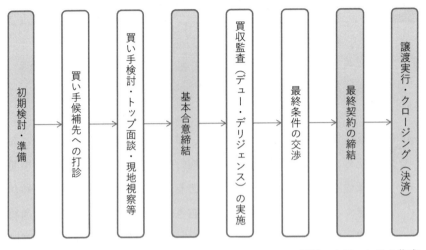

出所：山田コンサル作成

■譲渡側（売り手）

　譲渡を検討する企業にとって最も重要なのは、初期検討ステップです。M&A取引は経営環境の変化や情報管理の観点から、スピード感をもって進める必要があり、M&A手続きを始めてから、取引決済まで、平均6カ月程度で行います。初期検討が十分でない場合、プロセスの途中で買い手へ伝える内容が変わり不信感を招いたり、周囲の反対にあったりする懸念があります。M&Aは大きな経営判断であり、家族にとっても一大事ですので、手続きに入る前の初期検討は十分に行う必要があります。

1．初期検討の内容

　M&A前の初期検討段階では、主に以下の点を検討します。

①　M&Aを行う目的（M&A以外の選択肢との比較）

第7章　M＆A編

② 相手に求める条件、イメージ
③ M＆Aに向けた準備

① M＆Aを行う目的
　譲渡側の目的は、第32節で解説した通り、事業承継や事業再生などいくつかのパターンがあります。ここでは、果たしてM＆Aが本当に適切なのか、M＆A以外の他の選択肢と比較して、M＆Aが最適な選択肢なのかを十分に検討した上で進める必要があります。例えば、事業承継を目的とする場合、親族内や役員・従業員あるいは廃業といった選択肢との比較をし、事業再生の場合は、自主再建、倒産等との比較になります。比較する内容は、手残り金額、その後の経営者及び家族の生活、事業の短期的・中長期的な方向性等、複合的な視点で検討しますが、それぞれの選択肢は初めてであることが多く、それぞれの選択肢を熟知した専門家と相談しながら進めることが重要です。検討に当たっては、それぞれの選択肢別の税金を踏まえた手残り金額の試算や、10年間の収支、投資シミュレーションを行うなど、より具体的に検討することが望ましいと言えます。

② 相手に求める条件、イメージ
　次に決めておきたいのが、譲受側（買い手）に求める条件とそのイメージです。譲受側（買い手）に求める条件として、以下のポイントを検討しておくと良いでしょう。

　・希望価格
　・経営者や従業員、関連する家族の処遇（継続勤務を希望するかどうか等）
　・従業員の処遇
　・現在の経営課題への解決策（例：老朽化に対する投資や人材確保・

補充等）
・地域との関わり（地域取引先との取引継続、地域観光団体との関わり等）

　1点目のポイントとして挙げた希望価格は、重要な論点です。実際の譲渡価格は、相手との交渉になりますが、まずは希望条件を決めておく必要があります。価格の算定方法はさまざまですが、中小企業の場合は、時価調整した純資産に、過去利益の数年分（1～5年分）程度を加算した金額を基準に他の算定方法と比較しながら、専門家と相談して決めるのが良いでしょう。宿泊施設の老朽化が進んでいる場合、買い手としては更新投資分を考慮する必要があるため、時価純資産を下回る場合もありえます。いくつかの想定をし、希望価格、妥協可能価格を決めておくと、交渉を進める際の指針になります。

　宿泊業の買い手企業としては、第31節に記載の通り、複数の宿泊施設を運営しているホテル・旅館グループや、地域の有力企業等が考えられます。具体的な候補をいくつか挙げ、過去の投資事例等を研究しておくと、打診の優先順位等を決める際に有用となります。

③　M＆Aに向けた準備

　買い手はM＆Aで多額の投資を行うため、最終契約の前に詳細な調査（デュー・デリジェンス）を行います。この詳細調査では、事業・財務・法務など多岐にわたり、会計士や弁護士、不動産鑑定士など多数の専門家から質問や資料依頼を受けます。そのため、経営に関する管理資料や法的に必要な資料を事前に整えておくと、外部からの理解が得やすく、プロセスはスムーズに進行し、相手の印象もよくなります。逆に管理が杜撰であると、それだけで検討をやめたり、評価が下がったりということがありえます。特に株式関連（株主の変遷や株券の管理等）、労

第7章　M＆A編

務関係（就業規則・規程、残業時間管理、労務トラブル等）、建築関係（図面、確認済証、検査済証、消防関係等）の資料については、買い手の重要検討ポイントになります。

　また、経営者自身がオペレーションを行っている場合、経営がブラックボックスになりがちです。経営者がどのような役割を担っており、何を行っているのかを整理しておくと、買い手も安心して検討を進められます。

　M＆Aの検討に際しては、セミナーや書籍等で日頃からM＆Aに関する情報収集を行うことも大事ですが、多くの経営者にとってM＆Aは初めての経験です。そのため、事例や知見を有する専門家の意見を聞き、ご自身の思いや意見を踏まえて対話することで、進めるイメージを具体化していくことが肝要です。

2．タイミング

　M＆Aを進めるタイミングはいつが良いのでしょうか。結論から言うと、「M＆Aの検討自体は早い方が良く、実際にM＆Aを進めるタイミングは個別事情による」と考えられます。

　新型コロナウイルスが流行する前は、インバウンド需要が急増し、観光産業は注目の業界の1つとなりました。その結果、新規開業とともにM＆Aの買い手需要も増えました。しかし、新型コロナウイルスの流行により渡航制限されてからは、ホテル・旅館の売上は激減し、一気に不況業種と見なされるようになりました。「安ければ買いたい」という買い手は増えたものの、全体的には買収ニーズは弱含みとなりました。この状況で売却することは得策とは言えません。「売りたくない時が売り時」という言葉があります。アフターコロナに向けて準備を進め、会社を磨き、市場が回復してきたタイミングで売却を進める方が、より良い

交渉条件を得られると考えられます。

　一方で、施設の老朽化や人材確保の問題から、事業が劣化していくことが予想される場合は、市場の状況にかかわらず、早期に進めることが良いと考えられます。Ｍ＆Ａ専門業者は、営業的な観点から「早めにやりましょう」とアドバイスすることが多いですが、タイミングも含めて親身に相談に乗ってくれる専門家を探すことが重要です。

3．事業再生型Ｍ＆Ａを進める場合

　債務超過状態であったり、借入金の引き継ぎが困難と判断されたりする場合、借入している金融機関、特にメイン銀行の支援が必須となります。そのため、相手探しの前に金融支援の枠組みを検討する必要があります。支援の枠組みが決まれば、Ｍ＆Ａプロセスに加えて、債権者調整プロセスも並行して進めることになります。

図表2　再生型のＭ＆Ａプロセス（一例）

Ｍ＆Ａ	初期検討・準備	買い手候補先への打診	買い手側検討	入札・基本合意締結	買収監査の実施	最終条件の交渉	最終契約の締結	譲渡実行
債権者調整	関連機関への事前相談			第一回債権者会議	財務デューデリジェンス	第二回債権者会議	事業計画策定	第三回債権者会議 → 債権者合意

出所：山田コンサル作成

第7章　M＆A編

　債権者調整プロセスでは、M＆Aとは別に、第三者専門家によるデュー・デリジェンス、事業計画の策定、債権者会議での各種説明・同意依頼を行い、公平性・透明性をもってM＆Aの経済合理性を利害関係者に明示します。プロセスの公平性・透明性が必要となるため、入札形式になるケースが多いことが特徴です。

　かつては、事業再生手続きを行うと個人の自己破産やそれに類する手続きを求められることがありましたが、早期の事業再生や円滑な事業承継を妨げる要因となるとの指摘があり、2013年12月に「経営者保証に関するガイドライン」が公表されました。現在では、このガイドラインの活用により、自己破産することなく、自宅に住み続けることが可能となる対応が求められています。ガイドラインであるため法制度ではありませんが、金融機関にも周知され、活用も一般的になっていますので、当該ガイドラインの検討も積極的に行ってください。

　メイン銀行が支援の意向を示していれば、直接話をしてみるのが早いですが、金融取引が停止される懸念がある場合、直接話しづらいこともあるでしょう。その場合は、地域の中小企業活性化協議会や、知見を有する弁護士やコンサルタントなどの専門家に相談することをお勧めします。

■譲受側（買い手）

　M＆Aで譲受を希望する企業側では、買収前のデュー・デリジェンス、特に不動産と労務に関するデュー・デリジェンスが重要となります。

1．不動産デュー・デリジェンス

　M＆Aにおけるデュー・デリジェンスは、一般的に事業・財務・法務の3つを行うことが一般的です。不動産に関しては、通常は、不動産鑑

定を行ったり、土壌汚染の確認をしたりする程度です。しかし、宿泊業の場合、宿泊施設を含む不動産が最重要資産であるため、不動産に焦点を当てたデュー・デリジェンスを行う必要があります。

　不動産デュー・デリジェンスとは、不動産に関する法律、経営、建築、環境など多岐にわたる調査であり、①物理的調査、②法的調査、③経済的調査から構成されます。

図表3　不動産デュー・デリジェンス

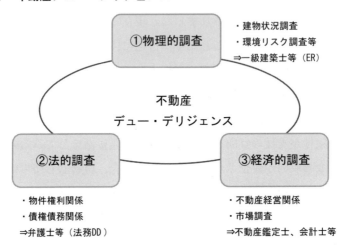

出所：不動産投資・取引におけるエンジニアリング・レポート作成に係るガイドライン（2019年版）

　この中でも特に重要なのが、①物理的調査で、外形的な資料の確認だけでなく、現地での目視確認を行います。その結果をまとめた報告書をエンジニアリング・レポート（ER）と言います。ERには、一級建築士や技術者など、建物・設備・構造などの専門家が関与します。ERの調査項目の概要は**図表4**の通りです。

第7章 M&A編

図表4　エンジニアリング・レポート調査項目

調査報告書	調査項目
1．建物状況調査	立地概要調査
	建築・設備概要調査
	更新・改修履歴及び更新・改修計画の調査
	遵法性調査
	緊急・短期修繕更新費用
	中・長期修繕更新費用
	再調達価格の算定
2．建物環境リスク調査（フェーズⅠ）	アスベスト
	PCB
	その他の調査項目
3．土壌汚染リスク評価（フェーズⅠ）	土壌汚染の可能性
4．地震リスク評価（PML）	地震による予想最大損失額（率）

出所：不動産投資・取引におけるエンジニアリング・レポート作成に係るガイドライン（2019年版）

　項目の1つにある「遵法性」は、対象となる建築物が建築基準法や消防法などの法規に適合しているかを確認することを意味します。建築士などが建築図面や各種申告資料を確認し、現地での確認も行います。事業譲渡型のM&Aの場合、宿泊業に関する許認可を新規に取得する必要があります。新規取得時には、各種図面、設備概要などの必要書類を提出した上で、当局の調査員による現地調査が行われます。そのため、許認可の継続（新規取得）の確認を行う意味でも、ERは重要です。

　また、M&A後の収支計画や価値算定を行う際には、将来的な投資額の見積もりが必要となります。ERでは、電気系統や機械設備、給排水設備などの内部の劣化状況まで確認し、短期・長期の修繕更新費用の試算も行います。不動産デュー・デリジェンスは、他のデュー・デリジェ

ンスや価値評価と密接に関連しているため、規模や予算に応じて、ERの調査レベルや範囲を決め、関連する法務や事業のデュー・デリジェンスとの調整を事前に行っておくことが重要です。

2．労務デュー・デリジェンス

　宿泊業は24時間体制で運営を行い、年間を通しての繁閑差も激しいことから、労務面でも他の業種とは違った特徴があります。また、厚生労働省の雇用動向調査によれば、「宿泊業・飲食サービス業」の合計ではありますが、平成21年以降、離職率は25.6～33.6％と全産業の中で最も高い数値となっており、人の入れ替わりが激しく、人材不足が課題となっている業界と言えます。

　少し古いデータになりますが、平成29年に厚生労働省秋田労働局が発表した「旅館業に対する監督指導の結果について」によれば、平成26年度に実施した自主点検では、回答を得られた161事業所のうち、法令違反等の疑いのある事業場に対する文書指導を行ったのは101事業所でした。平成27年～28年に行った監督指導の結果、対象となった26事業所のうち、実に24事業所（92.3％）が労働基準法等違反事業場であったとされています。また、神奈川労働局が平成30年に発表した自主点検では、有効回答を得られた261事業所のうち、111事業所（42.5％）で法令違反に該当する回答があったとの結果でした。管理が杜撰であると言えばそれまでですが、現場は人材不足が深刻であり、何らかの労務面での不備を抱えていなければ、運営できないというのが実態です。

　労務面においてM＆A前に確認すべき主な項目は**図表5**の通りです。前述の秋田労働局、神奈川労働局の自主点検、監督指導の結果も参考に、特に注意が必要な点について解説します。

第7章　M＆A編

図表5　労務調査のテーマ

項目	確認内容例
組織構成、雇用形態	・組織図、雇用形態、人数、役職、勤続年数等の概要把握
	・労働組合、労働協約の有無
	・有期契約労働者、外国人労働者の有無…etc
就業規則、労使協定等	・雇用契約書、労働条件通知義務の履行状況
	・就業規則、各種規定の確認と各種義務の履行状況
	・労使協定の存在と運用状況の乖離有無…etc
労働時間管理、未払賃金等	・労働時間管理方法の確認（タイムカード等）
	・変形労働時間制等の採用有無、手続の妥当性
	・中抜け時間の拘束性、着替時間の取扱、割増賃金の計算…etc
法令遵守状況	・労働保険・社会保険の加入義務
	・各種ハラスメントの有無
	・外国人労働者に関する法令遵守状況…etc
労働争議、トラブル	・不祥事、労務トラブルの確認
	・労働災害事故の有無、処理結果の確認
	・懲戒事例、係争事例の有無…etc

出所：山田コンサル作成

・労働時間管理、未払賃金の可能性

　使用者は労働時間を適正に管理する責務があります。労働時間の把握・管理について、厚生労働省の「労働時間の適正な把握のために使用者が講じるべき措置に関するガイドライン」によれば、使用者自らによる現認・記録、あるいはタイムカード、ICカードなど、客観的な記録が原則とされています。これらが難しい場合は、例外的に労働者による自己申告制が認められていますが、自己申告制の場合は、適正に自己申告されるような説明を十分に行い、必要に応じて使用者が実態調査等、より管理を徹底する必要があります。

また、労働時間とは、使用者の指揮命令下に置かれている時間のことであり、昼と夜の間の中抜け時間（休憩時間）の拘束性や着替え時間等についても問題が潜んでいる可能性があります。これらの管理状況を確認することに加え、運用実態との一致を確認する必要があります。
・時間外、休日労働の適法性
　宿泊業は、24時間体制、繁閑差、人員不足という課題があるため、全ての従業員が法定労働時間で収まるケースは稀です。前述の神奈川労働局の自主点検回答結果によれば、「過去1年間に月100時間を超える時間外休日労働があった」との回答は7.3%と決して少なくない数値であり、長時間労働は業界的な課題です。
　法定労働時間を超えて時間外・休日労働をさせるためには、いわゆる36協定（時間外労働・休日労働に関する労使協定）を締結し、労働基準監督署に毎年提出する必要があることは一般的に認識されています。しかし、同自主点検においても、「36協定の未締結・未届、または同協定の限度を超えた時間外労働・休日労働が認められた」事業所が11.9%と、これもまた少なくない数値となっています。当該自主点検は、あくまで自己認識に基づくアンケート結果であることを考慮すると、実際にはもっと多くの事業所で問題が存在している可能性があります。2019年の労働基準法の改正施行以降、残業時間の規制が厳格化されていますので、残業に関する適法性は重点的に確認する必要があります。
・その他諸論点
　上記2点の他、非常に基本的な内容ではありますが、労働条件の通知義務違反や、健康診断の実施義務違反、各種ハラスメントや不祥事など、さまざまな論点が存在します。これらの問題については、専門家に相談しながら適切に確認することが重要です。
　もし、労務管理の状況が良くない場合や問題発生の懸念があり、M＆

A取引前の是正が困難な場合は、株式譲渡スキームではなく、事業譲渡や不動産譲渡に切り替え、新たに雇用契約や労働協約を締結し、未払い残業代などの過去の潜在債務を遮断する方が良いでしょう。ただし、これで回避できるのは、過去の潜在債務だけです。実際に労務面での懸念があった場合、多くの場合、人材不足や収益力不足が根本的な原因となっていますので、この根本的な原因を解消できなければ、新たに譲り受けた後も同様の課題を抱え続けることになります。譲受の際は、人材や収益をどのように確保し、労務面でもクリーンな経営を行っていくかが課題となるため、しっかりとした計画が必要となります。

3．事業再生型M＆Aの場合

　事業再生型の取引において、買い手側にもいくつか留意すべきポイントがあります。既存の債権者との交渉は売り手側が行うべきものですが、売り手および売り手側のFA（フィナンシャル・アドバイザー）が適切に債権者と交渉せずにM＆Aを実行した場合、詐害行為取消などにより、M＆A実行後にM＆A取引そのものが否認されるリスクがあります。したがって、事業再生型のM＆Aを進める際には、通常のM＆A手続きに加えて、売り手側の債権者からの同意が得られているかを、精確に確認しながら進める必要があります。

　事業再生型の取引では、入札形式で行われることが多いため、意向表明書の作成方法やプロセスの進行方法にも特徴があります。そのため、買い手側のアドバイザーにも、債権者調整プロセスに精通した専門家を関与させることをお勧めします。

M＆A編チェックシート

☐ 宿泊業のM＆Aは、①ホテル・旅館グループによる買収・出資、②地場企業・地域ファンドによる買収・出資、③異業種からの参入が代表的な類型であり、他にも買い手となる企業群の裾野が広いのが特徴。

☐ 宿泊業は事業特性や、これまでの市場環境の大きな変化から、借入金に依存する企業が多く、事業再生を目的としたM＆Aが多いのが特徴。また、他の業種では株式譲渡が一般的な取引形態であるが、宿泊業では3割以上が事業譲渡となっている。

☐ 譲渡側（売り手）にとっては、M＆Aの手続きに入る前の初期検討を入念に行い、事前に準備をしておくことが重要。譲受側（買い手）では、業種の特性上、特に不動産と労務に関するデュー・デリジェンス（企業の経営状況や財務状況などを調査すること）が重要となる。

山田コンサルティンググループ株式会社は、「中堅中小企業のあらゆる経営課題の解決を支援する」という方針のもと、経営戦略の立案・実行、新規事業開発、事業再生、事業承継、M&A、組織戦略、人材戦略・人事制度・研修、業務改善、海外進出・撤退、DX、不動産などさまざまな経営課題に対して、ワンストップでコンサルティングサービスを提供する。

　経営コンサルティング事業においては、「クライアント企業の持続的成長の実現を支援する」ため、財務と事業の両輪でのアプローチを強みとして、伴走型支援・実行支援を重視する。

執筆者・監修者　（五十音順）

青木　康弘
石塚　淳
篠原　靖明
橘田　明
玉虫　隆二
土　　恵一
原田　伸哉
宮下　紘彰
武藤　良輔

業界研究ガイド
ホテル・旅館業界の課題と経営改善のアプローチ

令和6年11月26日　初版印刷
令和6年12月19日　初版発行

不許複製

編著者　山田コンサルティンググループ株式会社

(一財) 大蔵財務協会　理事長
発行者　木　村　幸　俊

発行所　一般財団法人　大蔵財務協会
〔郵便番号 130-8585〕
東京都墨田区東駒形1丁目14番1号
(販　売　部) TEL03 (3829) 4141・FAX03 (3829) 4001
(出版編集部) TEL03 (3829) 4142・FAX03 (3829) 4005
https://www.zaikyo.or.jp

印刷　恵友社

乱丁・落丁はお取替えいたします。
ISBN978-4-7547-3111-3